서문문고
61

한국세시풍속

임동권 지음

서 문

한국의 연중 행사, 즉 세시풍속을 기록한 문헌으로는 ≪東國歲時記(洪錫謨撰)≫, ≪洌陽歲時記(金邁淳撰)≫, ≪京都雜志(柳得恭撰)≫가 있다.

≪동국세시기≫는 기유년(1849년)의 서문이 붙어 있어서 세시기 중에서 가장 후에 이루어진 기록이며, 분량으로 보면 가장 많고 상세하게 기록되어 있다. 그러나 세시풍속의 유래를 중국으로 단정하여 사대주의적 해석을 한 부분이 많다.

≪열양세시기≫는 발문에 기묘(1819년)의 연호가 보이니 저자 金邁淳이 44세 때에 저술한 것으로서 한양을 중심으로 하여 기록한 문헌이다.

≪경도잡지≫는 저술 연대의 기록이 없으나 저자 柳得恭이 정조 기해(1779년)에 규장각 검서를 지낸 것으로 미루어 18세기 후반에 이루어진 것으로 추측되며 내용은 ≪열양세시기≫에서처럼 한양을 중심으로 한 경향의 풍속과 세시를 나누어서 기록한 문헌이다.

이밖에 ≪農家月令歌≫에는 농가의 일년 동안의 세시풍속이 단편적으로 기록되어 있으며, 신문화가 들어온 이후에 저서로 출판된 것으로는 吳晴 저 ≪朝鮮の年中

行事》, 方鍾鉉 저 ≪歲時風俗集≫, 崔南善 저 ≪朝鮮常識問答 風俗篇≫ 등이 있다.

한국의 연중 행사는 태양력에 의해서 이루어지고 있다. 오랫동안의 관습에 의해 농업·어업을 비롯하여 모든 세시풍속은 태음력에 의하였으니 다음에 설명하는 연중 행사는 모두 음력에 의거했다. 연중 행사는 계절적 또는 주기적인 까닭에 민속행사의 대부분이 포함되어 있는 만큼 민속 각론과는 때에 따라서 중복되는 경우가 있다. 즉 정초의 '윷놀이'나 '地神 밟기'는 민족오락, 민간 신앙과 중복을 면치 못한다. 따라서 여기에서는 계절적인 행사에 대해 개설적으로 서술코자 한다.

한국의 세시풍속에 관한 논술은 많이 있으나 대개가 문헌 중심으로 해석하는 경향이 많았으므로 여기에서는 현지 조사에서 얻은 향토적인 것도 삽입해 보았다.

民俗誌가 완성되지 못한 우리의 현실에서 아직 미흡한 점이 있음을 자인하나 이러한 저술도 민속학 연구에 좋은 자료가 되며, 요즈음 나날이 소멸되어 가는 재래의 세시풍속을 기록·보존한다는 뜻에서 우선 세상에 선보이는 바이다.

참고문헌

柳得恭撰 ≪京都雜志≫ 正祖代
金邁淳撰 ≪洌陽歲時記≫ 1819년
洪錫謨撰 ≪東國歲時記≫ 1849년
丁學遊作 ≪農家月令歌≫ 憲宗代
吳　晴著 ≪朝鮮の年中行事≫ 1935년
方鍾鉉著 ≪歲時風俗集≫ 1946년
宋錫夏著 ≪朝鮮民俗考≫ 1960년
崔常壽著 ≪韓國의 歲時風俗≫ 1960년
秦聖麒著 ≪南國의 歲時風俗≫ 1969년
韓國文化人類學會編 ≪全國民俗調査報告書(全南編)≫ 1969년
韓國文化人類學會編 ≪全國民俗調査報告書(全北編)≫ 1971년

한국세시풍속

차 례

서 문 3

정 월 13
　1일(설날) 13
　　元旦·13 / 설빔·14 / 정조 다례·14 / 세배·15 / 덕담·16 / 問安婢·16 / 성묘·17 / 歲畵·17 / 歲饌과 歲酒·18 / 복조리·20 / 三災免法·20 / 夜光鬼·21 / 聽讖·22 / 元日燒髮·23 / 尙齒歲典·24 / 법고·24 / 성주대접·25
　정초 12支日 26
　　有毛日과 無毛日·26 / 上子日·27 / 上丑日·28 / 上寅日·28 / 上卯日·29 / 上辰日·30 / 上巳日·31 / 上午日·32 / 上未日·33 / 上申日·33 / 上酉日·34 / 上戌日·34 / 上亥日·35 / 人日·35 / 敗日·36 / 穀日·36 / 뱃고사·36 / 고양 할미(猫婆)·37
　12일 38
　13일 39
　정초 놀이 40
　　널뛰기(跳板戱)·40 / 陸卿圖놀이·41 / 윷놀이·42 / 연(鳶)날리기·46 / 돈치기(投錢)·47
　정초의 점복 49
　　윷점·49 / 占卜·51
　立春日 55
　　春祝, 春帖子·55 / 麥根占·56
　14일 57

安宅·57 / 낟가릿대(禾竿)·57 / 모닥불·59 / 福土 훔치기·59 / 나무 조롱(木葫蘆)·60 / 禁食水·61 / 禁穀用·62 / 제웅(處容)·62 / 度厄·63 / 積善·65 / 모기 逐送·66 / 마당찧기·67 / 샘물대기·67 / 豊占·68

15일(上元) ··· 70
달맞이(迎月)·70 / 부럼(腫果)·71 / 귀밝이술(耳明酒)·71 / 약식·72 / 오곡밥·복쌈·73 / 陳菜食·74 / 百家飯·74 / 솔떡(松餠)·75 / 놋다리놀이·75 / 놋다리노래·77 / 사자놀이(炬子戲)·80 / 쥐불놀이(鼠火戲)·80 / 횃불 싸움·81 / 줄다리기(索戰)·82 / 보름 줄다리기·85 / 石戰·86 / 踏橋·87 / 고싸움·88 / 車戰놀이·93 / 원놀음·95 / 방실놀이·97 / 農旗세배·98 / 旗 세우기·99 / 달집 태우기·99 / 地神 밟기·100 / 진대 끌기·103 / 埋鬼·104 / 山祭·洞神祭·104 / 別神祭·106 / 새쫓이·108 / 祈豊·108 / 더위 팔기·109 / 개 보름 보내기·110 / 嫁樹·111 / 까마귀밥·111 / 팔랑개비와 짚신짝·112 / 등거리 입기·112 / 소 밥주기·113 / 나무 아홉 짐·113 / 떡占·114 / 묏占·114 / 農占·115

16일 ··· 116

2 월 ··· 117

1 일 ··· 117
中和節·117 / 머슴날(奴婢日)·117 / 콩볶기·118 / 대청소·119 / 풍신제(風神祭)·119 / 연등제(燃燈祭)·121 / 삼점(麻占)·122

2월의 雜事 ··· 123
좀생이 점·123 / 경칩일·123 / 상정일(春季釋奠)·124

20일 ··· 125
初耕·125 / 淸明日·126 / 寒食日·126 / 꽃샘(花妬娟)·127

3 월 *128*

　　삼짇날·*128* / 穀雨·*129* / 祈子俗·*130* / 꿩알(雉卵)·*131* / 花柳놀이·*131* / 풀놀이(草戱)·*133* / 풀각시·*134* / 弓術會·*134* / 양잠·*135* / 餞春·*136* / 3월의 時食·*136*

4 월 *139*

　　초8일·*139* / 탑돌이·*140* / 鳳仙花染指·*142* / 4월의 時食·*142*

5 월 *144*

　5 일 *144*

　　端午·*144* / 창포·*145* / 端午扇·*146* / 天中부적·*147* / 익모초와 쑥·*147* / 대추나무 시집보내기(棗嫁樹)·*148* / 醍醐湯과 玉樞丹·*149* / 端午祭·*149* / 그네뛰기(鞦韆戱)·*151* / 씨름·*153*

　5월의 雜事 *155*

　　太宗雨·*155* / 竹述日·*156*

6 월 *157*

　15일 *157*

　　流頭·*157* / 芒種·*159* / 三伏·*159* / 藥水·*160*

7 월 *162*

　　칠석·*162* / 百種日·*163* / 호미씻기·*165* / 삼삼기(績麻)·*166*

8 월 *168*

　8월의 雜事 *168*

　　上丁日·*168* / 伏草·*168* / 밭고랑 기기·*169*

　15일 *170*

　　秋夕·*170* / 강강수월래·*171* / 가마 싸움·*174* / 소놀이·*175* / 거북놀이(龜戱)·*176* / 올게심니·*177* / 조왕 단지·*177* / 照里戱·*178* / 秋夕雨·*178* / 반보기(中路相逢)·*178* / 8月의 時食·*179*

9 월 *181*

9일·*181* / 소풍·*182*

10 월 *183*

3일·*183* / 馬日·*183* / 城主祭·*185* / 時祭·*185* / 孫豆風·*186* / 김장·*187* / 10월의 時食·*187*

11 월 *189*

冬至·*189* / 동지 팥죽·*189* / 册曆·*190* / 龍耕/*191* / 黃柑製·*191* / 11월의 時食·*192*

12 월 *193*

臘享·*193* / 새잡기·*194* / 牛禁解除·*194* / 歲饌·*195* / 대청소·*195* / 舊歲拜·*196* / 除夕·*196* / 爆竹·*197* / 祀堂祭·*197* / 守歲·*198*

閏 月 *199*

부 록

東國歲時記 / 洌陽歲時記 / 京都雜誌

한국세시풍속

정 월

1일(설날)

元 旦

元旦은 일년의 첫날이니 歲首라고도 하며 일반적으로 '설' 또는 '설날'이라고 한다. 年首 또는 歲首란 일년의 첫째날이란 뜻이고, '설'이란 한자로 愼日이라고 쓰는데 근신하여 경거망동을 삼간다는 뜻이다.

大晦日로 묵은 1년은 지나가고 설날을 시점으로 하여 새로운 1년이 시작되므로 1년의 운수는 그 첫날에 달려 있다고 생각했던 옛 사람들은 새로운 정신과 새로운 몸가짐으로 辟邪招福을 기대하였으니 연초인 설날에 몸과 마음의 근신을 꾀하고자 했던 뜻도 짐작이 간다.

農者를 天下之大本으로 여겨왔던 한민족은 신라시대에 '元日相慶 是日拜日月神'하였으니 1년 동안의 雨順風調를 기원하는 마음에서 신에게 제사하고 여러 가지 행사도 하는 풍속이 마련되었다.

설 빔

설날 아침 일찍 일어나서 세수를 하고 미리 마련해 놓은 새 옷을 입는데 이 새 옷을 '설빔'이라고 한다. 설빔을 위해 각 가정에서는 가을부터 옷감을 마련하였다가 주부는 미리 정성껏 만들어 둔다. 설빔은 남녀노소 빈부귀천 없이 살림 정도에 따라서 마련하거니와 어린 아이는 설빔에 대한 기대가 크고 서로 자랑도 하게 마련이다.

옛날 같으면 어른은 두루마기 또는 도포를 비롯하여 버선·대님까지 새로 한 벌을 하며, 바지 저고리에는 새 솜을 두어 엄동설한에도 추위를 모르게 한다. 아이들은 아이들대로 한 벌을 마련하여 색동옷으로 곱게 단장한다. 여러 가지 색깔의 옷을 입으므로 마치 꽃밭처럼 아름답다. 설빔으로 옷을 갈아입은 뒤에야 차례를 지낸다.

정조 다례

설날 아침 일찍 歲饌과 歲酒를 마련하여 사당에 진설하고 제사를 지내는 것을 정조 차례라고 한다. 사당은 支孫은 모시지 않고 장손이 모시는데 부모·조부모·증조부모·고조부모까지 4대조의 신주를 모셔 두며 정조 차례 때에는 차례대로 제사하고, 보통 제사 때에는 해당되는 분에게만 제사하게 된다. 5대조 이상의 신주는 각기 분묘 옆에 묻어 집에서는 지내지 않고 10월에 있는 시제 때에만 제사를 지낸다.

차례 때에는 원근에 있는 자손들이 모두 장손 집에 모여 함께 지내는데 단란한 분위기 속에 진행된다. 옛날부터의 오랜 관습에 의해 원단과 추석날은 고향에 돌아가서 가족끼리 지내며 이때에 하는 행사는 차례가 중심이 된다. 지금도 연말과 추석 명절에 교통이 대혼잡을 이루는 것으로 보아 차례를 지내기 위하여 고향에 돌아가는 사람들이 여전히 많은 것을 알 수 있다.

세 배

차례가 끝나면 일동은 자리를 정리해 앉는다. 이때 조부모·부모·백숙부모·형제 등 차례로 절을 하고 새해 첫인사를 드리는데 이를 세배라고 한다. 집안에서 세배가 끝나면 차례 지낸 세찬과 떡국으로 아침 식사를 마치고 일가 친척과 이웃 어른을 찾아가서 세배를 드리게 되는데 사당을 모신 집이 있으면 먼저 사당에 절을 한 다음 세배를 드린다. 세배를 받은 측에서는 어른에게는 酒食, 아이에게는 과자와 돈으로 대접하며 정담을 나누기도 한다. 일가 어른이 먼 곳에 살 때에는 수십

리 길을 찾아가서라도 세배를 드리는 것이 예의로 되어 있으며, 세배를 할 줄 모르면 교양 없는 사람으로 취급을 받는다. 먼 곳에는 정월 15일까지 찾아가서 세배하면 인사에 크게 어긋나지 않는 것으로 되어 있다.

덕 담

정초에 어른이나 친구를 만났을 때에 말로써 새해 인사를 교환하는데 이를 德談이라고 한다. 이때에,
"과세 안녕하셨습니까?" 또는
"새해 복 많이 받으시기 바랍니다"라고 하며,
어린 아이들에게는,
"새해에는 복 많이 받게" 또는
"새해에는 소원 성취하게" 하는 등으로 처지와 환경에 알맞은 말을 한다.

덕담은 새해를 맞이하여 서로 복을 빌고 소원이 이루어지기를 바라는 뜻에서 축하의 뜻을 표시하는 것이다.

問安婢

옛날에는 중류 이상의 가정에서는 부녀자의 외출이 자유롭지 못했을 뿐 아니라 사회적으로도 금지되어 있었다. 즉 남존여비의 풍습은 부녀자의 외출을 백안시하

고 스스로 자숙하게 했으니, 설이 돌아와도 세배하기 위하여 자유롭게 드나들 수가 없었다. 이러한 시대에 정초 3일부터 15일 사이에 女婢를 성장시켜 일가 친척에 보내어 신년의 문안을 드리게 하였는데 이러한 여비를 문안비라 불렀다. 즉 귀부인들이 자기가 직접 가지 않고 여비로 하여금 대신해서 문안케 했던 것이다. 지금은 이러한 풍습도 없어졌다.

성 묘

설날 조상의 무덤을 찾아가 성묘를 한다. 묵은 해를 보내고 새해를 맞이했다는 인사를 조상의 묘에 고하는 것이다. 생존한 어른에게는 세배를 하지만 이미 사별한 조상에게도 생존시처럼 인사를 드리는 것이다. 수많은 자손들이 나이 많은 어른을 앞에 모시고 조상의 孝烈談을 들어가면서 줄을 지어 눈길 속에 성묘가는 모습은 아름다운 정경이다.

歲 畵

또한 이 날은 대문에, 갑옷을 입고 한 손에 도끼를 들고 서 있는 장군상을 그려 붙였는데 이를 門排라 부른다. 민가에서 붙이는 문배는 宮中俗인 문배에서 유래했으며, 궁중에선 1길이 넘는 문배를 대궐문에 붙였다. 또 문배에는 絳袍 烏帽像을 그려 중합문에 붙이고 鍾馗가 귀신을 잡는 畵像이나 鬼頭像을 그려 문도리에 붙였는데, 그것은 疫神·邪神·火難·災殃 등의 不祥을 쫓으려는 목적에서였다. 또 옛날 궁중용 그림을 그리는 도화서에서는 星壽仙女像과 直日神將像을 그려서 헌상하고 관아에 나누어주거나 선물로 주기도 했는데, 이를 歲畵라 했다.

여염집에서도 상류 사회의 이와 같은 풍속을 본떠서 벽에 닭과 호랑이의 그림을 그려 붙였다. 닭과 호랑이는 吉祥을 뜻하는 동물일 뿐 아니라 정월은 寅月이므로 호랑이를 의미하며 재액을 물리치려는 생각에서 나온 민속이다.

歲饌과 歲酒

설날 차례를 위해서 또 세배 오는 손님의 대접을 위해서 준비하는 여러 가지 음식을 세찬이라고 한다. 부유한 집에서는 맛있는 음식을 많이 만들지만, 가난한 집에서는 그렇지 못하며, 또 차례를 지내는 집에서는 세찬을 넉넉히 만들지만 차례를 지내지 않는 집에서는 많은 세찬을 만들지 않는다.

설날의 세찬 중에서 어느 집에서나 만드는 것은 흰떡

(白餠)이다. 흰떡은 멥쌀을 가루 내어 쪄서 떡판에 놓고 메로 찧은 다음에 손으로 길고 둥글게 만드는데 칼로 썰어 국을 끓이면 '흰떡국'이 된다.

흰떡국은 차례상에도 오르거니와 설날 아침에는 꼭 이 떡국을 먹는 것으로 되어 있다. 그래서 흰떡국을 먹었으니 나이를 한 살 더 먹었다고 한다.

흰떡국은 쇠고기 또는 닭고기 국물에 넣어서 끓이지만 원래는 꿩고기국에 끓였다. 그러나 꿩은 잡기가 쉬운 일이 아니고 또 일반적으로 닭을 많이 사육하기 때문에 꿩 대신에 닭을 쓰고 닭도 없을 때에는 쇠고기를 사용하게 되었다. 속담에 '꿩 대신에 닭'이라는 말은 여기에서 나왔다.

흰떡은 썰어 물에 담그어 두었다가, 손님이 오면 흰떡국을 끓여 대접하는 것이 예의로 되어 있다.

歲酒란 설날에 먹는 冷酒를 말한다. 세주는 데워서 마시지 않고 찬 것을 그대로 마시는데 봄을 맞는 영춘의 뜻이 포함되어 있다고 한다. 가정에서의 주조는 금지되어 있으나 오랜 습관에 의해 세주만은 가정에서 주부가 담그는 일이 많다. 가을 추수 때 잘 여문 쌀을, 설을 앞두고 미리 빚어 두었다가 茶酒를 떠서 차례를 올리고 나머지는 歲酒로써 세배객을 대접하거나 이웃 사이에 나누어 먹는다.

제주도에서는 歲饌으로 '고사리 채소'가 반드시 오르

는 것이 특징이다.

복 조 리

섣달 그믐날 자정이 지나면 어둠 속에 복조리 사라는 소리가 들려온다. 자정이 지나면 벌써 다음날이기 때문에 조리 장수들은 조리를 한짐 메고 골목을 다니면서 복조리 사라고 외친다. 그러면 각 가정에서는 밤에 자다 말고 일어나서 1년 동안 소용되는 수량만큼의 복조리를 사는데, 밤에 미처 사지 못한 사람은 이른 아침에 일어나서 산다. 일찍 살수록 좋다고 믿고 있어서 서로 남보다 먼저 사려고 하며 설날 이른 새벽에 조리를 사 두면 1년 동안 복을 많이 받는다고 해서 설날 조리를 복조리라고 부른다.

조리는 쌀을 이는 기구로서 대나무를 가늘게 쪼개고 가는 竹絲로 엮어서 만든다. 사들인 조리가 둘이면 둘, 셋이면 셋을 한데 묶어 방 귀퉁이나 부엌에 매달아 두었다가 쓰며, 조리 속에는 돈과 엿을 넣어 두면 더욱 좋다고 해서 가정에서는 그렇게들 한다.

三災免法

三災란 액운의 해를 말한다. 사람이 살다 보면 행복

과 불행을 겪는데, 불행이 든 해를 액년 또는 삼재년이라고 한다. 따라서 삼재의 해에 해당하는 사람은 액을 쫓고 삼재를 면해야지 그렇지 않으면 불행이 닥쳐온다고 전한다. 삼재란 누구나 같이 맞게 되는 것이 아니라, 같은 해라도 삼재의 해에 해당하는 사람과 그렇지 않은 사람이 있으며, 그것은 다음과 같이 따졌다.

즉 12支로 따져서 巳·酉·丑年에 난 사람은 亥·子·丑年에 삼재가 들고, 申·子·辰年에 난 사람은 寅·卯·辰年에 삼재가 들고, 亥·卯·未年에 난 사람은 巳·午·未年에 삼재가 들고, 寅·午·戌年에 닌 사람은 申·酉·戌年에 삼재가 든다고 한다. 따라서 사람은 9년마다 삼재를 당하게 된다. 삼재를 면하기 위해서는 설날 鷹三羽를 그려서 문도리에 붙여야 한다고 전한다.

夜光鬼

설날 밤에, 하늘에 있는 '夜光鬼'란 귀신이 인간 세상에 내려와 여러 곳을 돌아다니다가 인가에 들어와 사람들의 신을 신어 보아서 발에 맞는 것이 있으면 신고 간다고 한다. 이때에 신을 야광귀에게 도적 맞은 사람은 그 해 일 년 동안 운수가 나쁘다고 전한다. 그래서 설날 밤이면 어른 아이 할 것 없이 모두 신을 방에 들여 놓거나 다락에 넣어 두고 잔다. 그러면 야광귀가 신을 찾지 못하기 때문이다.

설날 밤에는 대개 일찍 자게 된다. 섣달 그믐날 밤에는 눈썹이 셀까 봐 잠을 자지 못하고 守歲하였을 뿐 아니라, 설날은 아침 일찍 일어나서 하루 종일 세배하러 돌아다녔으므로 몸이 피로해서 일찍 불을 끄고 잠을 자게 마련인데 이때에 야광귀가 찾아오는 것이다.

야광귀를 막기 위해 밤이 되면 일찍 대문을 걸어 잠그며, 때로는 금줄을 쳐서 쫓고, 딱총을 놓아 큰 소리로 내어 쫓기도 한다.

또한 야광귀를 쫓는 방법으로 체를 걸어 두기도 한다. 즉 야광귀는 하늘에서 내려오므로 밤이 되어 대문에 체를 걸어 두거나, 마당에 높은 장간을 세우고 그 위에 체를 걸어 둔다. 그러면 하늘에서 야광귀가 내려오다가 체를 발견하고 체에는 눈이 많으므로 몇 개나 되나 세어 본다. 너무 총총 많이 박혀서 어디까지 세었는지 잊어버리고는 다시 세고, 다시 세고 하는 사이에 날이 밝아 닭이 우는 소리가 들리면 인가에는 미처 들어가지도 못하고 하늘로 되올라간다고 한다.

聽 讖

설날 새벽에 거리에 나가서 일정한 방향 없이 돌아다니다가 날짐승 소리든, 길짐승 소리든 간에 처음 듣는 소리로써 일 년의 운수를 점치는데 이것을 '청참'이라 한다. 즉 까치 소리를 들으면 풍년이 들고 행운이 오며, 새 소리를 들으면 흉년이 들고 불행이 올 先兆라고 전한다.

이와 같은 占卜法은, 봄철에 처음 보는 나비의 색깔에 따라서 노랑나비는 길조이고 흰나비는 부모상이라고 하는 것과 같은 것이다.

《동국세시기》에서는 이러한 풍속을 燕京俗과 같다고 했다.

元日燒髮

요즘은 남녀가 머리를 모두 짧게 깎으므로 언뜻 보아서는 남녀를 구분하기조차 어려우나 옛날에는 단번에 분별할 수 있었다. 머리를 길게 기르던 시대에 있어서는 일 년 동안 머리를 빗을 때에 빠지는 머리카락을 그때그때 버리지 않고 모아 두었다가 설날 저녁에 불에 태운다. 부모에게서 물려받은 신체발부이니 머리인들 함부로 할 수 없다는 追遠報本하려는 생각도 있거니와 元日 黃昏에 문 밖에서 燒髮하면 辟瘟, 즉 염병을 피한다고 전한다. 충청도 지방과 전주에서는 元日에 하지 않고 除夕에 소발하는 곳도 있다.

尙齒歲典

옛날에는 歲首가 되면 중앙과 지방의 朝官과 그 부인의 나이가 70세 넘는 이에게는 나라에서 쌀과 고기와 소금을 주어 장수를 축하하고 위로했다. 또 조관으로 70세 된 이와 士庶로서 90세 된 이에게는 加資를 했으며 백 살 된 이에게는 특별히 일품계를 올려 주었다. 每歲에 있는 이와 같은 일은 노인을 위하는 경로심에서 우러나온 歲典이다.

법 고

승려는 속세를 떠나 산사에 살면서 불도를 닦고 중생을 제도하지만, 정초에는 속계에 내려와서 가가호호를 방문하여 法鼓를 치고 염불을 하며 권선을 한다. 각 가정에서는 돈이나 쌀을 주어 시주를 한다. 또 승려들은 이때에 많은 떡을 만들어 가지고 와서 俗家에 하나를 주고 속가의 떡 두 개를 가져가는데 이것을 속가에서는 僧餠이라고 한다. 승병을 아이들에게 먹이면 천연두를 앓지 않는다고 해서 각 가정에서는 승병 바꾸기를 즐겨 했다.

성주 대접

설날 차례를 지내는 외에 전북 지방에서는 성주를 제사 지내는데 이것을 '성주 대접'이라고 한다. 즉 차례를 지낸 다음 帝釋을 모시는데 큰방 윗목에다 따로 상을 차리고 제사를 지낸다. 차례는 장손 집에서 지내지만 성주 대접은 각 가정에서 한다.

정초 12支日

有毛日과 無毛日

 설날에서부터 열이튼날까지의 12일 동안을 日辰에 의해서 有毛日(털날)과 無毛日(털 없는 날)로 나눈다. 즉 12干支에 따라서 日辰을 정하니, 子日은 쥐, 丑日은 소, 寅日은 호랑이, 卯日은 토끼, 辰日은 용, 巳日은 뱀, 午日은 말, 未日은 염소, 申日은 원숭이, 酉日은 닭, 戌日은 개, 亥日은 돼지로 부른다. 이 12동물 중에서 털 있는 동물인 쥐·소·호랑이·토끼·말·염소·원숭이·닭·개·돼지날인 子·丑·寅·卯·午·未·申·酉·戌·亥일은 有毛日이며, 털이 없는 동물인 용·뱀날인 辰·巳일은 無毛日이 된다.
 설날이 유모일인 때에는 오곡이 잘 익어 풍년이 든다고 전하며, 무모일인 때에는 흉년이 든다고 한다.
 정초에 들어서면 毛日을 보아 길흉을 판단하는데 유모일은 길하고 무모일은 불길한 것으로 여기고 있다. 특히 소·토끼·호랑이날이 좋다고 하는데 옛날에는 장사를 하는 사람들은 호랑이를 상징하는 寅日이 좋다고 해서 정초에 쉬었다가 인일에 개점 혹은 개업하는 일도 있었는데 유모일 중에서도 인일을 가장 길일로 여겼던 것을 알 수 있다.

上子日

정월에 들어 첫째 子日을 '상자일'이라 하는데, 곧 '쥐날'이다. 이 날 농부들은 쥐를 없애기 위하여 들에 나아가 논과 밭의 두렁을 태우는데 이를 쥐불놀이(鼠火戲)라고 부른다. 쥐가 많으면 수확한 오곡을 먹어 鼠害를 받게 되니 농가에서는 쥐를 없애려 든다. 그래서 쥐날 논밭 두렁의 풀을 태우면 쥐가 없어지고 해충을 제거하며 새싹의 발아도 촉진되어 그 해 농사가 잘 된다고 하여 쥐불놀이를 한다. 요즘에는 보름날 밤에 횃불놀이(炬火戲)를 겸해서 쥐불놀이를 많이 한다. 쥐날 밤 子時에 방아를 찧으면 쥐가 없어진다고 해서 부녀들은 밤중에 방아를 찧는다. 방아독에 넣을 곡식이 없으면 빈 방아라도 찧어서 요란한 소리를 낸다.

상자일엔 예로부터 일도 하지 않고 百事를 금하고 놀았다고 하는데 쥐가 곡식을 축내는 것을 방지하기 위해서였다. 쥐는 곡식을 잘 쪼는 까닭에 상자일 밤엔 불을 밝히지 않으며 길쌈을 하거나 의복을 짓는 일도 하지 않는다. 옷이나 천을 쥐가 쪼기 때문이다.

그러나 곡식을 볶아서 주머니에 넣으면 재수가 좋다고 전한다.

제주도에서는 '子不問占'이라 해서 쥐날에는 점을 치지 않는다. 이 날 점을 치면 점괘가 제대로 나오지 않는다는 것이다.

上 丑 日

정월 들어 첫 丑日을 가리키는 말로서, '소달깃날'이라고도 부른다. 이 날은 소와 말에게 일을 시키지 않고 쉬게 하며 나무와 콩을 삶아 먹여 위로하고 살찌게 하기도 한다.

상축일에 연장을 만지면 농경 때에 장기나 보습이 부러지고, 방아를 찧으면 소가 일할 때에 기침을 하며, 식량을 집 밖으로 내보내면 소가 죽거나 힘이 빠진다고 해서 금기로 한다.

그러나 遠行을 하는 것은 탈이 없다고 한다.

제주도에서는 '丑不帶冠'이라 해서 丑日에는 관을 쓰는 일을 하지 않으며 또한 혼인식도 안 한다. 이 날 혼인을 하면 흉사가 있거나 그 혼인이 불행해진다고 전하기 때문이다.

上 寅 日

정월 들어 첫 寅日을 '상인일'이라고 하며, '호랑이날'

또는 '범날'이라고 부르기도 한다. 이 날은 남과 서로 왕래를 삼가며 특히 여자는 외출을 하지 않는다. 虎患이 있을 수 있으므로 근신하는 것이다. 만일에 이 날 남의 집에 가서 대소변을 보게 되면 그 집의 식구 중에서 호환을 만나게 된다고 전한다.

따라서 이 날은 집에서 근신하고 짐승에 대한 악담도 삼간다.

제주도에서는 '寅不祭祀'라 해서 제사를 지내지 않고 귀신에게 빌지도 않는다.

上卯日

정월 들어 첫 卯日을 말하는데 '상묘일' 또는 '토끼날'이라 부르기도 한다.

토끼날에는 남자가 먼저 일어나서 대문을 열어야 한다. 가장이 열면 더욱 좋으나 가장이 없을 때에는 식구 중에서 누구든지 남자가 먼저 대문을 열기로 되어 있다. 그렇게 하면 일 년 동안 가운이 융성하다고 한다. 그러나 만일 여자가 먼저 대문을 열고 밖에 나가면 가운이 불길하다고 한다. 이것을 철저히 지키는 집안에서는 밥을 짓는 일도 남자가 대문을 열고 밖에 나간 다음에야 방문을 열고 나와서 한다.

토끼날은 장수를 비는 날이기도 하다. 이 날은 남녀

할 것 없이 命絲라 해서 명주실을 청색으로 물들여 팔에 감거나 옷고름에 매달거나 또는 문 돌쩌귀에 걸어두는데, 그렇게 하면 명이 길다고 전한다. 또 상묘일에 실을 짜거나 옷을 지으면 장수한다고 해서 부녀자들은 실을 짜고 옷을 지으며 베틀이 있으면 한 번씩 올라가서 베를 짜본다. 그래야만 장수한다고 전한다.

토끼는 깡충깡충 뛰므로 상묘일을 방정맞은 날이라 하여 어부들은 출항을 금한다.(全南)

上辰日

정월 첫 辰日을 말하는데, '용날'이라고 부르기도 한다. 용날 이른 새벽에 주부들은 물동이를 이고 샘으로 물을 길러 간다. 속설에 하늘에 사는 용이 이 날 새벽에 지상에 내려와 우물 속에 알을 낳는다고 한다. 그래서 주부들은 남보다 일찍 일어나 우물 속에 있는 용의 알을 떠가려고 애쓴다. 이 물을 길어다가 밥을 지으면 그 해 운이 좋아 풍년이 든다고 한다. 용의 알을 먼저 떠간 사람은 그 표시로서 지푸라기를 잘라 우물물에 띄워 둔다. 그러면 뒤에 온 주부는 용의 알이 남아 있을 다른 우물을 다시 찾아가기도 한다. 또 이 날에 머리를 감으면 모발이 용과 같이 길어진다고 해서 부녀들은 세발을 하는 일이 많다.

전남 지방에서는 샘에 가서 물을 긷지 않는다. 물을 길으면 농절 바쁜 때에 큰 비가 내린다고 한다. 어촌에서는 어장에 갈 때에 해를 입는다고 해서 물을 긷지 않는다.

上巳日

정월 들어 첫 巳日을 '상사일' 또는 '뱀날'이라 부른다. 뱀날에는 남녀 모두 머리를 빗거나 깎지 않는다. 만일 머리를 빗거나 깎으면 그 해에 뱀이 집안에 들어와 화를 입게 된다고 한다.

뱀은 생김새도 징그럽거니와 집념이 강한 것이어서 누구나 싫어한다. 죽은 뱀이 보복하는 민담이 많은 것을 보아도 예부터 뱀을 매우 싫어했음을 알 수 있다.

상사일에는 빨래를 하지 않고, 바느질도 하지 않으며 땔 나무를 옮기거나 집 안에 들여놓지 않는데 이는 뱀이 들어오는 것이 두려워서였다.

뱀이 많은 전남 지방에서는 상사일에 뱀의 침입을 예방하는 뜻에서 뱀 立春文을 써서 붙였다. 옛날 뱀을 잘 잡았다는 '赤帝子'나 '覇王劍' '項羽劍' 등을 써붙여 위협을 하기도 하고 '白龍・赤龍・靑龍・黑龍・赤帝 子斬巳・拔劍斬巳・四方無一巳・白巳・靑巳・拔劍斬巳 漢太祖・逐巳將軍李三萬遇此' 등을 써서 붙였는데, 立春

文의 주력으로 뱀의 침입을 막자는 뜻에서였다.

또 뱀 구멍에 연기를 불어넣는 '뱀 지지기'를 한다. 긴 나무 끝에 머리카락이나 솜뭉치를 달아매고 불을 붙여 뱀 구멍에 대면 그 연기가 구멍으로 들어가서 뱀이 나오는 것을 예방할 수 있다고 믿었던 것이다. 상사일 새벽에 하지 못하면 14일 밤에 하기도 한다.

제주도에서는 '巳不遠行'이라고 해서 먼 길을 떠나지 않는다.

上午日

정월에 들어 첫 午日을 '상오일' 또는 '말날'이라고 한다. 예전에는 말을 숭상하였으므로 상오일에는 말에게 제사지내고 찬을 주어 말을 위로했다. 그러나 요즘엔 상오일의 풍속은 희박해지고 10월의 오일에 집중되었다. 丙午日이면 병과 통한다 해서 꺼리고 戊午日이면 茂와 같으므로 길일로 알고 같은 발음의 무로 시루떡을 만들어 먹기도 한다.

말날의 풍속으로는 고사를 지내거나 장을 담그고 김장을 하는 수도 있다. 또 午年生은 양기가 강하기 때문에 남자는 좋으나 女子는 팔자가 세다고 해서 혼처를 고르기 어려웠다. 특히 丙午年은 白馬라 해서 强陽이라 한다.

제주도에서는 '井不窟邃'라 하여 午日엔 우물을 파지 않는다.

上未日

未日은 '염소날'이라고 한다. 正月 들어 첫 未日인 '상미일'은 거의 무관심하게 보내고 있다. 그러나 염소는 걸음걸이가 방정스러워서 어촌에서는 출항을 하지 않고 (全南), 제주도에서는 '未不服藥'이라 하여 이 날은 약을 먹어도 효용이 없다고 해서 먹지 않는다. 그러나 좋은 날이기 때문에 무슨 일을 해도 해가 없다고 한다.

上申日

상신일은 첫 申日로서 '원숭이날'이라고도 한다. 일손을 쉬고 놀며 특히 칼질을 하면 손을 벤다고 해서 삼간다.

여자보다 남자가 먼저 일어나서 문 밖에 나가고, 비를 들고 부엌의 네 귀를 쓴 후 다시 마당의 네 귀를 쓴다. 이 날만은 부엌에 귀신이 있다고 해서 남자가 먼저 부엌에 들어가기도 한다.(全南)

상신일에는 나무를 베지 않으며 이 날 벤 나무로 집을 지으면 좀이 먹어 곧 쓸모가 없게 된다고도 한다.

上酉日

정월 들어 첫 酉日을 말하는데 '닭의 날'이다. 상유일에는 부녀자의 針線을 금한다. 만일 이 날 바느질을 하거나 길쌈 같은 일을 하면 손이 닭의 발처럼 보잘것 없고 흉한 모양이 된다고 전한다. 그래서 부녀자는 될 수 있는 대로 아무 일도 하지 않고 쉰다.

또 곡식을 마당에 널지 않으며 빨래도 널지 않는다. (全南)

제주도에서는 닭의 날엔 모임을 갖지 않으며, 닭을 잡아먹지도 않고 지붕을 이지 않는다.

上戌日

정초의 첫 戌日을 '상술일' 또는 '개날'이라고 한다. 이 날 일을 하면 개가 텃밭에 가서 해를 준다고 해서 일손을 쉬고 논다. 상술일에는 풀을 쑤지 않는데 그 이유는 풀을 쑤면 개가 먹은 것을 토한다고 전하기 때문이다. 개는 풀을 잘 먹으므로, 貪食해서 개가 병나는 것을 막기 위한 경고인 듯하다.(全南)

제주도에서는 이 날 해녀의 도구를 손질하면 좋다고 하며, 장을 담기 위한 메주를 쑤면 좋다고 한다.

上亥日

정월 들어 첫 亥日이며 '돼지날'이다. 돼지날에는 얼굴이 검거나 피부색이 검은 사람은 왕겨나 콩깍지로 문지르면 살결이 희고 고와진다고 전한다. 돼지는 살결이 검고 거칠기 때문에 그 반대의 뜻으로 이러한 민속이 생긴 것이다.

상해일엔 바느질을 하지 않고 머리도 빗지 않는다. 바느질을 하면 손가락이 아리고, 머리를 빗으면 風病이 생긴다고 해서 금하기 때문이다.

人 日

정초에는 남의 집에 가서 유숙하지 않지만, 특히 7일 인일에는 외박하지 않는다. 이 날 손님이 와서 묵고 가면 그 해는 연중 불운이 든다고 한다. 그래서 부득이 손님이 와서 묵게 될 때에는 불운을 막기 위해서 주인과 손님은 머리를 반대로 두고 거꾸로 자야만 한다. 그러면 액운을 막을 수 있다.

옛날, 나라에서는 人日製試를 하였는데 인일에 유생들에게 시험을 보여 등용시키는 제도를 말한다.

敗 日

매월 초닷샛날을 '패일'이라고 한다. 패일은 액이 있고 불길한 날이어서 출행하는 것을 삼가야 한다. 그래서 예전엔 이 날 대개 집에서 근신하고 부정한 것을 보거나 접하는 것을 꺼려했다.

정월의 5일·14일·24일은 三敗日이라고 해서 매사를 기신하였으며, 특히 여인들은 바느질하는 일을 삼갔다.

穀 日

정월 8일은 '곡식날(穀日)'이라고 부른다. 곡일에는 봄에 곡식 심을 준비를 하면 풍년이 든다고 한다. 닭장을 치우고 돼지우리와 소 외양간을 쳐서 논밭에 내며, 보리밭에 거름을 준다.

뱃 고 사

어촌에서는 정월 3일에 일반 가정에서 정초에 성주를 모시듯이 뱃고사를 지낸다. 만선 때처럼 배에다 여러 가지 기를 달고 선주가 정성껏 음식을 장만해서 배 안에다 상을 차리고 '배서낭'을 제사하는 것이다.

배서낭은 배 안에 모시고 있는 서낭을 뜻하며, 여자 서낭·남자 서낭·아기 서낭·늙은 서낭·색시 서낭 등 여러 가지의 서낭이 있다.

뱃고사는 어부들이 풍어·만선을 기원하는 것이며, 치성을 잘 드리면 漁期에 서낭님이 선주의 꿈에 나타나 고기가 많은 곳으로 인도해서 만선하게 된다고 한다. 정초의 뱃고사는 특히 성대히 지내지만 출어할 때마다 간소하게 뱃고사를 지내기도 한다.

고양 할미(猫婆)

하늘에 산다는 고양 할미가 설날 지상에 내려왔다가 上丑日에는 하늘로 올라간다고 한다. 그런데 고양 할미가 하늘에서 내려올 때에는 자기가 먹을 곡식을 한 말 가지고 와서 하루에 한 되씩 먹는다고 한다. 10일 이내에 丑日이 되어 승천하게 되면 곡식이 남게 되거나 가져온 것만 먹고 가게 되지만, 11일을 머물게 되면 열 한 되를 먹게 되므로 쌀이 한 되 모자란다.

그래서 꾸어다 먹고 빚진 채 승천을 하게 된다. 그 해에 축일이 빨리 돌아와 곡식이 많이 남게 되면 풍년이 들고, 꾸어다 먹고 가야 하는 해는 흉작이 든다고 전한다.(全南)

12일

 12일 저녁에 달이 올라오기 시작할 무렵이면 농가의 어린 아이들이 모여 솔방울(松鈴)을 수백 개 주워다 두는데 이것을 계란이라 부른다. 아이들은 다시 부잣집에 가서 큼직한 쇠똥을 주워다가 암탉이라 해서 솔방울을 품게 하여, 마치 암탉이 알을 품은 것처럼 만든다. 다음 13일 새벽에 쇠똥 속에서 솔방울을 집어내면서 큰 소리로 '계란 수천 개'라고 외친다. 이렇게 하면 양계가 잘 되어 연중 계란을 많이 낳게 할 수 있다고 전한다. 양계가 잘 되기를 간절히 바라던 마음에서 이와 같은 풍속이 생기게 된 것이다.

13 일

농가의 부녀들은 생쌀을 깨물어 가루를 내어 그 백미분으로 물을 만들어 손가락에 찍은 후 벽에 누에의 모양을 그리는데 이렇게 하면 그 해에 누에고치가 풍작을 이룬다고 전한다. 기계 공업이 발달하지 못했던 옛날에 있어서 잠업은 의료를 만드는 데 없어선 안 될 소중한 것이었다. 나라에서도 권장했을 뿐 아니라 백성들 자신이 대개 잠업을 열심히 했다.

또 13일 아침에 여아들은 산에 가서 소나무나 엄나무와 같이 가시 돋친 나무를 꺾어다가 지붕이나 담장 위에 꽂고 그 나무 가시에 목화송이나 솜을 걸어 놓는다. 이렇게 하면 지붕이나 담장 위에 마치 목화가 만발한 것처럼 보이는데 목화의 풍작을 비는 마음에서 하는 것이다.

목면은 보온과 옷감을 짜는 데 제일 소중한 원료인 까닭에 풍작을 기대했던 것이다.

정초 놀이

널뛰기(跳板戲)

정초에 여성들이 하는 놀이에 널뛰기가 있다. 넓이 한 자에 길이는 열 자쯤 되는 두꺼운 판자를 짚단이나 가마니 같은 것으로 그 가운데를 괴어 놓고 양쪽에 한 사람씩 올라서서 서로 발을 굴러 공중에 높이 솟아 뛰며 하는 놀이이다. 한 사람이 뛰었다가 내려 디디는 힘의 반동으로 상대방이 뛰는 것으로 서로 번갈아 뛰게 된다.

정초에는 설빔으로 아름답게 단장을 해서 울긋불긋한 고운 옷들을 입었으니, 바람에 치맛자락이나 옷고름을 나부끼며 뛰노는 모습은 매우 아름답다.

놀이 자체가 힘주어 뛰는 것인 만큼 다리에 힘이 있어야 하며, 소녀와 젊은 부인들이 하는 놀이이고 노파들은 하지 않는다. 부녀자의 외출이 자유롭지 못하던 옛날에는 끼리끼리 안마당에 모여 놀았으나 높이 담 위로 뛰었을 때에는 밖에서도 바라볼 수 있었으니 많은 남성들을 애타게 했던 놀이다.

한국의 여성들이 안방에서만 살아왔기 때문에 연약하

다고 하지만 널뛰기는 매우 씩씩하고 과격한 운동이어서 활달한 기상을 길러 준 놀이며 추운 겨울에 알맞은 놀이다.

우리의 널뛰기와 같은 놀이가 일본의 琉球에도 있다.

陞卿圖놀이

일명 '從卿圖놀이'라고 부르기도 하며 상류 계급의 청소년이나 부녀자들 사이에 행해지는 정초의 놀이이다.

옛날의 입신출세는 官位에 따라 결정되었다. 많은 수학을 통해서 과거에 급제하고 관운이 좋아 승진하는 것은 상류 계급 청소년들의 꿈이요, 또 상류 계급의 부녀자들은 아버지나 남편·형제가 빨리 높은 자리에 올라가기를 소망했다. 이러한 욕구를 연초에 미리 점치고 소원하는 놀이가 승경도놀이다. 이것은 두 사람 이상 많은 사람들이 한꺼번에 같이 할 수 있는 놀이이다.

횡으로 10행, 종으로 14행(때에 따라서는 이 이상 확대시키거나 축소하여 만드는 일도 있음)의 관직을 적은 도면이 있어 幼學에서부터 領議政·奉朝賀·賜几杖에 이르는 모든 내외관직이 적혀 있으며 가장 나쁜 것은 賜藥으로 끝나게 되어 있어서 윷 혹은 주사위를 던져 그 숫자에 따라 승진하는 놀이다. 관운이 순조로우면 순탄하게 중앙에서 승진하지만 잘못하면 파직이 되어 유학으로 되돌아가 재출발을 하거나, 변방으로 쫓겨 가 중앙에 들어오지 못하고 사약을 받는 경우가 있으니 관운이 실감나게 짜여진 놀이다.

상류 자제들에게는 장차의 관운에 대한 예습과 교훈을 주게 되며, 부녀자들에게도 관직명과 제도에 관한 지식을 주는 데 효과적인 양반의 놀이다.

윷 놀 이

정초에 들어 남녀노소 혹은 빈부 귀천 없이 가장 보편적으로 즐기는 놀이가 윷놀이다. 가을 추수가 끝나고 농가가 한가해지면 여러 가지 오락이 행해지는데 겨울이 되어 방에 들어앉게 되면서부터 윷놀이는 우리의 생활에 빼놓을 수 없는 놀이가 되었다.

윷은 부녀자용과 성인 남자용의 두 가지가 있다. 부녀자용은 박달나무를 곱게 다듬어 채색도 해서 예쁘게 만든다. 박달나무는 윷끼리 부딪치는 소리가 좋을 뿐 아니라 매끄러워서 손에 닿는 감촉도 좋다. 그러나 남자용은 밤나무를 베어다 크게 만들기 때문에 힘차기는 하나 모양이 없다. 즉 직경 3센티쯤 되는 밤나무로 길이 15센티쯤 되게 잘라 이것을 둘로 쪼개어 네 쪽을 만든다. 겉은 검고 속은 흰색이므로 등불에서도 안팎이 잘 보이게 된다.

윷을 오른손에 쥐었을 때 네 쪽이 손 안에 꼭 들면 알맞으며, 신명나게 소리치며 지상 1미터쯤의 높이로 던져 땅에 떨어진 안팎의 상태를 가지고 놀이를 하는 것이다.

그 등급에는 다섯 가지가 있다. 하나가 젖혀지면 도, 두 개가 젖혀지면 개, 세 개가 젖혀지면 걸, 모두 젖혀지면 윷, 모두 엎어지면 모라고 하며 모는 5, 윷은 4, 걸은 3, 개는 2, 도는 1밭씩 가게 된다. 윷놀이에서는 많이 갈수록 유리한 것이다.

윷놀이는 두 사람 이상, 몇 사람이든지 편을 짜서 돌아가며 놀이를 할 수 있다. 미리 마련한 윷판에 말판을 그려 놓고 윷을 던져서 나타난 수대로 말을 전진시키는데, 말 네 개가 먼저 나가는 편이 승리를 거두게 된다. 말은 두 개 이상이 겹쳐서 전진할 수도 있으며 도중에 적의 말을 잡는 수도 있으니, 윷도 잘 놀아 수를 내야 하고 말을 잘 써서 적을 잡게 작전을 잘 짜야 한다. 윷이나 모가 났을 때와 적을 잡았을 때에는 같은 사람이 다시 계속해서 윷을 놀 수 있다.

말판은 한쪽이 다섯 밭씩 정사각형으로 20밭과 중앙을 교점으로 한 X형으로 다섯 밭씩 합계 29밭으로 되어 있다.

윷의 기원은 명확치 않으나 조선 초기의 문집에 柶戱에 관한 기록이 있는 것으로 미루어 보아 오래된 민족

전래의 놀이인 것으로 보인다. 말 명칭이 모두 동물명인 것을 보면 백제 때에 이미 있었던 놀이가 아닌가 생각된다.

 겨울에 어디를 가든지 볼 수 있는 윷놀이는 매우 흥을 돋우어 주는 유희로서 밤을 새우는 수도 있다. 방에 멍석을 깔고 목이 타면 찬 동치미 국물을 마셔 가면서 노는 모습이 신명난다. 때로는 넓은 마당에다 멍석을 펴고 많은 사람들이 함께 놀기도 한다. 부녀자들은 내실에서 요나 담요 또는 돗자리 같은 것을 깔고 놀기도 한다.

윷 노 래

오록조록 포도런가
보실보실 앵도런가
공부자의 숭도런가
맹부자의 강도런가
산천초목 분명하니
첫 도   적실하고
인의예지 분명하니
지 도 가 적실하다
이개저개 다버리고
신무부제 차제런가

캐캐씨고 캐캐씨고
불언인지 효녀로다
이캐머리 걸어졌네
컬컬하고 웃는양은
사령사족 시절이와
제와문에 스승하니
요순우탕 호걸이요
도덕문에 스승하니
공맹안중 호걸이요
화 룡 도 좁은길에
이석조조 하였으니
관운장은 호걸이요
이겸으로 윷이졌네
육관대사 성진이는
팔선녀를 희롱하고
백백사장 너른들에
백 학 이 비상천은
두나래를 훨씬펴고
앞다리를 성금성금
날아드는 격이로다
이개모로 모가졌네
모양수가 진을치면
영 군 의 대패로다

신가라의 첫날밤에
자주이불 당 치 마
가이볼것 못쓸네라

연(鳶)날리기

정초의 청소년들의 놀이에 연날리기가 있다. 이른 지방에서는 12월 중순께부터 연날리기를 시작하나 대개 설날에서 대보름 사이에 가장 많이 한다.

연은 창호지나 백지와 대나무로 만든다. 종이를 임의의 크기로 접어 만드는데 대개 가로 두 자, 세로 석 자 정도로 한다.

종이 중앙은 도려내서 구멍을 내고, 대나무 다섯 가치를 가늘게 깎아 뼈를 만들고 종이를 붙이며 연 이마를 실로 졸라매어 반월형으로 하고 양쪽 머리와 아래쪽 두 곳에 연실을 매어 바람에 날려 공중에 띄운다.

연실을 '자새'에 감아 바람에 연이 나는 대로 실을 주었다 감았다 한다. 연은 바람에 날아 하늘에 떠야 하기 때문에 중앙 구멍의 크기, 이마를 실로 죄는 정도, 실을 매는 위치와 길이에 따라 잘 날고 못 날고가 결정된다.

연을 아름답게 하기 위해 채색을 하거나 화상을 그리기도 하며 점을 찍거나 종이를 오려 붙이기도 한다.

또 종이로 길게 꼬리를 달아 바람에 나부끼게 하는

수도 있는데 그 모양과 색깔에 따라서 여러 가지 이름으로 불리기도 한다.

연을 날려 싸움을 하기도 하는데 서로 연실을 감아 실이 끊어지는 편이 진다. 연싸움에 이기기 위해 유리나 사기를 곱게 빻아서 만든 가루를 풀에 개어 연실에 바르기도 한다. 그러면 연실에 유리나 사기의 가루가 날카롭게 붙어 있어 상대방의 연실이 잘 끊어지게 되기 때문이다.

겨울 동안 날리던 연은 정월 대보름에 날려 보낸다. 즉 연에다 '送厄' 또는 '送厄迎福'이니 하는 내용의 글을 써서 하늘 높이 띄운 다음 연줄을 끊는다. 그러면 연은 한없이 어디론가 날아간다. 이렇게 하면 연의 주인공이 지니고 있던 액이 사라지고 복이 찾아온다고 믿는 데서 송액의 풍속이 생긴 것이다. 연을 날린 다음 연 자새는 실을 감은 채 두었다가 다음 해에 다시 사용한다.

연 날리는 풍속은 매우 오래 되었으니 신라 진덕여왕 원년(648)에 벌써 연을 띄운 기록이 남아 있다.

돈치기(投錢)

정초에 청소년들은 돈치기를 한다. 돈치기는 규모가 작은 도박의 일종으로 어른들이 금하기도 하지만 놀이의 하나로 흔히들 한다.

마당같이 편편한 곳에서 5미터쯤 되는 거리에 금을 긋고 동전 하나 들어갈 만한 구멍을 뚫어 놓는다.

두 사람 이상이면 몇이든 할 수 있으니 제각기 돈을 던져서, 구멍에 들어간 사람이 첫째이고, 다음은 구멍에 가까운 순서대로 차례를 정한다. 순서대로 금을 밟고 돈을 던져 구멍에 든 것은 그냥 따먹고, 나머지 중에서 지정하는 것을 돌로 만든 목대를 던져 맞혀서 따먹는 놀이다.

돈치기는 동전이 제 값을 지니던 시대에는 많이 성행했으나 주화의 값이 떨어진 지금은 별로 볼 수 없게 되었다.

정초의 점복

윷 점

정초에는 1년의 일을 미리 알고자 하는 궁금한 마음에서 여러 가지 점을 치는데, 그 중에서 윷을 가지고 점치는 것을 윷점이라 부른다.

윷점에는 두 가지 종류가 있다. 하나는 많은 사람이 편을 짜서 집단적으로 놀아 그 결과로 마을의 운수를 점치거나 그 해의 풍흉을 점치는 것과, 다른 하나는 윷을 놀아 나타난 숫자를 가지고 개인의 운수를 점치는 방법이다.

집단의 年事를 점치는 윷점은 남녀로 편을 가르거나 길고 짧은 짚을 사람 수대로 두 가지로 잘라 골라 잡게 하고, 긴 편과 짧은 편으로 나누어 놀이를 한다. 水畓과 天水畓으로 미리 정하고 그 승부에 따라 풍년이 될 것인가 흉년이 될 것인가를 점치는 방법이다.

개인의 운수를 점치는 것은 윷을 던져 그 숫자에 따라 세 가지 괘를 만들고 그 괘의 수에 따라 정해 있는 占辭를 해석하는 것이니 一 一 一 괘에서 四 四 四 괘까지 64괘가 있다.

윷점은 윷을 세 번 던져 괘수를 얻으므로, 방법이 간단해서 부녀자와 아동들 사이에 널리 행해지고 있다.

윷점괘는 다음과 같다.

一一一	兒有慈母	一一二	鼠入倉中
一一三	婚夜得燭	一一四	蒼蠅遇春
一二一	大水逆流	一二二	罪中立功
一二三	飛蛾撲燈	一二四	金鐵遇火
一三一	鶴失羽翩	一三二	飢者得魚
一三三	龍入大海	一三四	龜入笥中
一四一	樹木無根	一四二	死者復生
一四三	寒者得衣	一四四	貧入得寶
二一一	日入雲中	二一二	霖天見日
二一三	弓失羽箭	二一四	鳥無羽翰
二二一	弱馬馱重	二二二	鶴登于天
二二三	飢鷹得肉	二二四	車無兩輪
二三一	嬰兒得乳	二三二	重病得藥
二三三	蝴蝶得花	二三四	弓得羽箭
二四一	拜見疎賓	二四二	河魚失水
二四三	水上生紋	二四四	龍得如意
三一一	大魚入水	三一二	炎天贈扇
三一三	鷙鷹無爪	三一四	擲珠江中
三二一	龍頭生角	三二二	貧而且賤

三二三	貧士得祿	三二四	猫兒得鼠
三三一	魚變成龍	三三二	牛得蒭荳
三三三	樹花成實	三三四	沙門還俗
三四一	行人思家	三四二	馬無鞭策
三四三	行人得路	三四四	日照草露
四一一	父母得子	四一二	無功無賞
四一三	龍人深淵	四一四	盲人直門
四二一	暗中見火	四二二	人無手臂
四二三	利見大人	四二四	角弓無弦
四三一	耳邊生風	四三二	穉兒得寶
四三三	得人還失	四三四	亂而不吉
四四一	生事茫然	四四二	魚呑釣鉤
四四三	飛鳥遇人	四四四	哥哥得弟

占 卜

 연초에는 1년의 신수가 어떠할지 궁금한 마음에서 점을 치는 습관이 있다. 一年之計는 在元旦이라고 하여 1년 동안의 계획을 연초에 세우거니와 1년 동안 닥쳐올 운명에 대해 알고 싶어하는 것은 어쩔 수 없는 사람의 마음이다. 사업이 번성할지, 과거에 합격할지, 官階가 승진할지, 무병건강하고 재액은 없을지 등 앞날에 전개될 여러 가지 일에 대하여 미리 알고 싶어한다. 미리 알면 그에 대처할 수 있고 안심할 수 있기 때문이다.

연초에 가장 일반화된 점복은 토정비결이다. 가정이나 거리의 어디를 가나 토정비결을 보는 광경을 볼 수 있다. 토정비결을 꼭 믿어서가 아니라 거의 습관화되어 연초면 대개 한 번은 토정비결을 보게 마련이다. 아이들은 제외되지만 어른들은 먼 데 사는 가족이나 출가한 딸의 것까지도 보아 준다. 연초에는 거리에 지나가는 사람들의 토정비결을 봐주기 위해 임시로 占卜師가 등장하기도 하는데, 얼마나 많은 사람들이 토정비결에 관심을 가지고 있는가 짐작이 된다. 또 매년 토정비결 책이 베스트 셀러의 위치를 차지할 만큼 많은 판매고를 올리고 있다는 것으로도 정초의 토정비결을 통한 占卜俗이 얼마나 성한 것인지 짐작된다.

토정비결은 土亭 李之菡이 만든 길흉화복의 예언서로서 가장 널리 알려진 점복서이다. 점괘의 산출 방법은 다음과 같다.

먼저 당년의 太藏數에 연령수를 합한 숫자를 8로 나누어 남은 숫자를 첫 괘로 삼고, 다음 月建數에다 생월의 일수 즉 생월이 크면 30, 작으면 29를 합한 수를 6으로 나누고 남는 숫자를 둘째 괘로 삼고, 마지막으로 生日 숫자와 日辰數를 합한 수를 3으로 제하고 남는 수를 셋째 괘로 삼는다.

이렇게 하여 卦數子를 산출한 다음에 토정비결 책의 같은 괘 숫자를 찾으면 綜合卦辭와 月卦辭가 나타나 있다. 토정비결은 1년의 年運과 月運을 미리 알아 둘 수 있는 것이 특징이다.

　토정비결은 太藏·月建·日辰을 가지고 점치기 때문에 같은 해·같은 달·같은 날에 출생한 사람은 동일 운명이라고 규정하고 있으나 그래도 가장 흔한 占法이다.

　정초의 점복속으로 옛날에는 오행점이 유행되었다. 오행점은 金·木·水·火·土의 오행을 가지고 점치는 방법인데 음양설에 근거를 둔 점복이다.

　다섯 개의 나무나 엽전에 오행의 각자를 새기고 이것을 주문을 암송하면서 던져 나타난 글자를 金·木·水·火·土에 맞추어 占辭를 읽고 풀어 점치는 것이다. 다섯 자를 가지고 占辭가 만들어져 있기 때문에 점사의 종류가 토정비결처럼 많지 않다.

　설날에 짐승의 동작을 보아 점치는 방법도 있다. 즉 소가 일찍부터 기동하면 풍년이 들고, 송아지가 울어도 年事는 풍조이며, 까치가 울면 길조이며, 도깨비불이 일어도 길조이고, 까마귀가 지저귀면 풍재와 병마가 있고, 개가 짖으면 도둑이 많으며, 개보다 사람이 먼저 일어나면 한 해를 무료하게 보내게 된다고 전한다.

　또 설날의 일기를 보아서 그 해의 일들을 점치는 수

가 있다. 즉 바람이 없이 날씨가 맑으면 풍년이 들고, 해가 붉으면 한재가 있고, 푸른 빛이면 풍재가 있으며, 검은 구름이 하늘에 가득하면 홍수를 만나게 된다고 한다. 또 북풍이 불면 풍작이고 남풍이 일면 흉작이라고 믿고 있다.

  어촌에서는 설날에 바람 없이 맑으면 더욱 좋고 남풍이 불면 豊漁, 동풍이 불면 흉어라고 전하여 농경과 어로에서 때로 상반되는 수도 있다.

立春日

春祝, 春帖子

입춘일은 千藏曆에 정해 있는데 연초인 경우가 많다. 입춘일에는 도시나 시골 할 것 없이 각 가정에서는 대문·기둥·대들보·천장 등에 좋은 뜻의 글귀를 써서 붙이며 이를 春祝이라고 한다.

글씨를 쓸 줄 아는 사람은 손수 立春祝을 쓰고, 글을 쓸 줄 모르는 사람은 남에게 부탁해서 써 붙이기도 하는데 상중에 있는 집에서는 하지 않는다. 입춘문은 대개 정해져 있으나 가장 널리 씌어지는 입춘축은 다음과 같다.

'立春大吉' '建陽多慶' '國泰民安' '家給人足' '掃地黃金出' '開門萬福來' '父母千年壽' '子孫萬世榮' '千增歲月人增壽' '春滿乾坤福萬家' '門迎春夏秋冬福' '戶納東西南北財'

옛날 대궐에서는 내전의 기둥과 난간에다 元旦에 문신들이 지은 延詳詩 중에서 좋은 것을 뽑아 써 붙였는데 이것을 春帖子라고 불렀다.

제주도에서는 입춘일에 큰 굿을 하는데 '입춘굿'이라

고 한다.

입춘굿은 가장 유명한 首神房이 맡아서 하며 漁農狩業의 왕성을 축원하는 굿이니 많은 관중들이 굿을 보러 모인다고 한다. 이때에 농악대를 앞세우고 가가호호를 방문하여 乞粒을 하고 上主·玉皇上帝·土神·五方神을 제사하는 의식이 있었다.

또 입춘일에 오곡의 씨앗을 솥에 넣고 볶아서 맨 먼저 솥 밖으로 튀어나오는 곡식이 당년에 풍작이 된다고 한다.

麥根占

입춘일에 농가에서는 보리의 뿌리를 파보아 1년 농사의 풍흉을 점친다.

늦가을에 심은 보리는 입춘일쯤이면 뿌리가 내리기 시작하는데, 뿌리가 세 갈래로 되어 있으면 풍년이 들고, 두 갈래면 평년작이 되고, 한 갈래면 흉년이 들 징조라고 한다.

뿌리가 시들었을 때에도 흉년이다. 뿌리의 성장이 좋고 나쁨이 보리 농사의 풍흉에 영향이 있는 것은 사실이니, 농부들의 이 맥근점이 전혀 허망한 것이라고만 할 수는 없겠다.

14일

安宅

 각 가정에서는 안택을 하는데 이것은 집에 탈이 없게 하기 위하여 제사하는 個人祭의 일종이다. 안택은 무당이 安宅經을 읽으며 터주신을 비롯하여 祖上神·籠主·洞神 등을 제사하는 것이다. 안택은 가을 추수 후와 정초에 하며 재앙·질병·화액을 쫓고 가내의 평안이 목적이며 차렸던 제물은 이웃끼리 나누어 먹는다.

 안택은 새해를 맞이하여 除禍招福을 목적으로 하는 만큼 부정을 피하고 정성껏 거행하며 무당이 없을 때에는 주부가 주동이 되어 식구끼리 지내는 약식도 있다. 안택을 고사라고 하는 경우도 있으며 농가에서 뿐 아니라 사업을 하는 사람도 사업의 번창을 위해서 연초와 가을에 지내고 있으니 연초는 기원제, 가을에는 감사제의 성격을 지니고 있다.

낟가릿대(禾竿)

 농가에서 정월 14일이 되면 (지방에 따라서는 13일

혹은 15일) 소나무를 베어다 마당 한복판에 세우고 그 위에 짚을 묶어 쌓아서 旗狀을 만든 후 벼·조·피·기장 등의 이삭을 꽂아 두고 長竿 위에 목화를 늘어놓는데 이를 '낟가릿대' 또는 '볏가릿대'라고 부른다.

이렇게 쌓은 낟가릿대는 두었다가 2월 1일 아침 일찍이 철거하는데 낟이 이렇게 많도록 풍년이 들라는 기원이다. 낟가릿대를 헐기에 앞서 섬이나 가마니 같은 것을 가져다 곡물을 넣으면서 큰 소리로,

"벼가 몇 만석이요"
"조가 몇 천 석이요"
"콩이 몇 백 석이요"
"팥이 몇 십 석이요" 하고 소리쳐 마치 많은 수확을 거두는 것처럼 멋대로 외친다. 그러면 그 해에 풍년이 들어 많은 수확을 거두게 된다고 한다.

낟가릿대를 만들어 놓는 날에는 키가 작은 사람은 남의 집의 출입을 삼가야 한다. 왜냐하면 낟가리를 만든 14일에 찾아오는 손님의 키가 작고 크고에 따라서 당년 농작물의 성장이 결정된다고 믿고 있기 때문이다. 즉 키가 큰 객이 오면 오곡이 모두 크게 잘 자라지만 키가 작은 객이 오면 곡물도 왜소해서 자라지 않는다고 한다. 또 이 날 여인이 아침 일찍이 찾아오면 재수가 없다고 전하므로, 여인의 외출은 금기로 되어 있다.

낟가릿대는 3, 4일간이나 정월말까지 두는 수도 있

으나, 2월 1일 콩 볶을 때에 헐어서 태우는 수도 있다. 낟가릿대에 기를 세울 때에는 祈豊하는 글을 쓴다. '(姓名)家中 萬事亨通 農事壯元' '一年 身數消滅 多物多物又富貴' 등을 쓴다. 성명은 가장이나 호주의 이름을 적는다. 이렇게 하면 농사가 잘 되어 부귀를 누리게 되며 또 날짐승들이 오지 못한다고 한다.

모 닥 불

14일 저녁이나 15일 아침에 마당을 쓸어 한 곳에 모아 또 쓰레기를 얹고 그 속에 아주까리대·깨대·靑竹이나 헌 대빗자루를 함께 태운다. 그러면 연기가 많이 나고, 타면서 요란한 소리를 내서 마치 爆竹하는 것과 비슷하다. 이렇게 하는 것을 모닥불이라고 하는데, 요란한 소리가 연속해서 크게 날수록 그 해의 콩 농사와 보리 농사가 잘 된다고 해서 호남 지방에서는 모닥불을 흔히 놓는다.

福土 훔치기

14일 저녁 가난한 사람이 부잣집에 남몰래 들어가 마당이나 풀을 파서 흙을 훔쳐다가 자기네 부뚜막에 바르면 부잣집 복이 모두 전해와서 잘살게 된다고 한다.

이것을 '복토 훔치기'라고 하는데, 이 날 밤에 부잣집에서는 흙을 도둑 맞지 않으려고 불을 밝혀 두고 머슴에게 지키게 한다. 흙에는 터주신이 있어서 그 덕으로 많은 財祿을 누리고 있으니, 흙을 옮겨옴으로써 財福도 따라 옮겨오는 것으로 믿었던 것이다.

전남 고흥군에는 '갯벌 흙 훔치기'가 있다. 남의 어장에 몰래 들어가 갯벌의 진흙을 훔쳐 자기네 어장에 뿌려 두면 김이 잘 된다고 해서 갯벌 흙을 훔치는 풍속이 있다.

나무 조롱(木葫蘆)

나무나 박으로 만든 조롱을 세 개 만들어 청·홍·황색으로 각각 칠하여 어린 아이들이 차고 다니는 것으로서, 재화와 질병을 쫓는 예방이 된다고 한다.

겨울 동안 차고 다니던 이 조롱을 14일 밤에 떼어 돈 한 푼을 매어 남몰래 길바닥에 버리면 그 해 1년 동안의 액을 막는다고 한다.

조롱의 佩用은 단순한 장식이 아니라, 민속적으로 귀신을 쫓는 주술적 효과를 가지고 있는 것이며, 청·홍색은 陽色이란 데서 채택된 것이며, 황색도 중앙색인 까닭에 陰鬼를 퇴방하는 데 필요했던 것이다.

禁食水

14일은 '누더름날'이라고 부르기도 한다. 늦여름이라는 뜻인데 13일은 春節, 14일은 夏節, 15일은 秋節, 16일은 冬節로 친다. 그래서 14일을 바로 여름의 전조로 생각했다.

14일에는 많은 음식을 마련해서 이웃 사람들을 청하여 권하며, 다른 성의 세 집 밥을 먹어야 좋다는 날이다. 밥만은 많이 먹고, 남에게도 권하지만, 식수만은 주지 않는다.

14일에 남에게 식수를 주면 김매는 날에 폭우가 와서 논과 밭두렁이 무너진다고 한다. 그래서 농가에서는 남에게 주는 것을 금하고 있다. 14일에는 남의 집에 가서 물을 마시려고 하지도 않거니와 달라고 해도 좀처럼 얻어 먹기가 어렵다.

또 이 날에는 김치를 먹지 않으며, 특히 동치미 국물을 먹지 않는 곳도 있다.

호남 지방에서는 상원날에 객이 와서 식수를 청하면 재수가 없고, 물을 마시면 농작에 수해를 입는다고 믿고 있다.

또 상원날에는 해뜨기 전에 우물물을 긷지 않고 저녁이 돼야 긷는다. 그래서 14일 저녁에 미리 다음날 쓸 물을 넉넉히 길어 둔다. 만일 상원날에 물을 길으면 여름에 홍수가 나서 논밭의 둑이 무너지고 수해를 입어 농작물이 피해를 입는다고 한다.

禁穀用

 설날부터 상원까지 정초에는 조석으로, 식량으로 쓰는 것 외의 곡식은 대문 밖으로 내보내거나 팔거나 남에게 주지 않는다. 곡식을 문 밖으로 내가면 그 해에 산짐승에 의해 작물이 해를 입을 뿐 아니라, 재산이 줄어 들어 빈궁해진다고 한다. 따라서 정초에는 곡식 다루는 것에 신경을 쓰고 있다.

제 웅(處容)

 14일 밤에 直星이 든 사람이 있는 가정에서는 제웅을 만들어 거리나 개천에 버린다. 직성이란 액년이 든 것을 말하는데 남자에 있어서는 11·20·29·38·47·56세이고, 여자에 있어서는 10·19·28·37·46·55세에 해당한다. 직성이 든 해는 액운이 있어 만사가 여의치 않을 뿐 아니라, 병이 들거나, 큰 화를 입거나, 불행한 일을 당하게 된다는 것이다. 따라서 직성에 든 사람은 무슨 술법을 써서라도 면해야만 심신이 평안하니 그 방법의 하나로 제웅이란 것이 있다.

제웅은 짚으로 사람 모양의 인형을 만들어, 짚인형의 배나 허리 부분에 속을 헤치고, 돈이나 쌀을 넣어서 짚으로 동여매고, 액년 든 사람의 생년월일시를 적어 넣어서 버린다. 지나던 사람 중 이 짚인형 제웅을 줍는 사람이 있으면 그가 액을 가져가게 된다고 한다.

　문헌에 의하면 옛날에는 14일 밤에 아이들이 집집마다 돌아다니며 제웅을 달라고 청해서, 제웅을 만든 집에서 선뜻 내어주면 아이들은 다투어 재웅 속에 들어 있는 돈과 쌀을 내어갔다고 한다. 그러나 이 제웅을 달라고 하는 아이들은 빈가의 자녀들로서 쌀과 돈을 얻기 위해서 한 것으로 생각된다.

　제웅의 유래에 대해서는 신라의 處容郞 고사에서 기원했다고 전한다. 즉 처용은 동해룡왕의 아들로서 헌강왕 앞에 나타나 시종하였거니와, 그 처가 절세의 미인이므로 疫神이 탐하여 侵房하였으나 처용에게 발각되었다. 그러나 처용은 노하지 않고 태연자약했으므로, 역신이 감동하여 사죄하고, 다시는 처용이 나타나는 곳에는 침범하지 않겠다고 약속했으므로, 신라인들의 처용상을 부적으로 삼았다는 것이다.

　　度　厄

　14일 밤에 생팥이나 삶은 팥을 한 줌 가지고 밭으로

간다. 자기의 나이 숫자대로 팥을 밭에 묻는데 이때에, "매생아, 올해에 머리 아프고 배 아픈 것을 모두 가져가라" 하고 주언을 외운다. 그러면 그 해에는 무병하다고 한다. 부스럼을 앓는 사람도 이렇게 팥을 가지고 가서 제 나이 숫자대로 밭에 묻으면 완치된다고 한다.

또 부녀자나 어린 아이들이 팥을 가지고 우물에 가서 자기의 나이 수대로 팥을 우물 안에 던지며, "달앗 빠치자"고 외치면 그 해에 다래끼를 앓지 않는다고 한다.

아이들이 집단적으로 할 때에는 팥 대신 돌을 주워서 우물가에 줄을 지어 빙빙 돌면서 차례로 돌은 던진 후 "달앗 빠치자, 샘각씨, 달앗 받아라" 하는데 이것이 놀이로 변용하는 과정이다.(全南地方)

때로는 여자 아이들이 김쌈밥을 만들어 우물에 빠뜨리는 수도 있는데, 이것을 '용왕 밥주기'라고 하며 역시 다래끼 예방의 민간 醫治이다.

14일 밤이나 상원 아침에 무를 먹는 것은 만사형통하고 무병하며, 이가 단단해지고, 부스럼 없이 소화가 잘 된다고 하기 때문이며 부럼과 같은 뜻이다.

14일 밤에 절구통 가를 혀로 핥기도 하는데, 이렇게 하면 연중 육식하는 호강을 하게 된다는 것이다. 또 참기름을 수저에 떠서 촛불에 데운 다음, 아이의 정수리에 발라 준다. 이렇게 하면 머리가 좋고 아프지 않으며 평소에 눈물도 흘리지 않는다고 한다.

제주도에선 디딜방아의 밑에 있는 흙을 먹으면 만병 통치한다고 해서 상원날에 먹는다. 또 부녀자들은 팥 일곱 알을 땅에 묻으면서, "옥황상제님 내 병을 걷어 가시오." 하는 주언을 외운다.

남자는 雷聲이 있을 때에, "천신님, 귀신님, 나의 모든 병을 쓸어 가십시오" 하면서 빗자루로 자기의 몸을 쓸어 내린다.

그러면 모든 병이 낫는다고 한다.

積 善

14일 밤에 당년의 신수가 나쁜 사람은 적선을 해야만 액을 면할 수 있다고 해서 개천에 다리를 가설하거나 유두돌을 놓는 일이 있다.

즉 액을 면하는 방법은, 많은 사람들에게 도움이 되는 착한 일을 하는 것이라고 생각해서, 사람의 왕래가 많으나 다리가 없어서 불편한 곳을 찾아, 밤에 몰래 다리를 놓는 것이다.

다리를 놓을 형편이 못 될 때에는 가마니나 섬·오쟁이에 돌을 가득 담아 띄엄띄엄 놓아 사람들이 밟고 건너가기 좋게 한다. 이렇게 하면 다리를 놓은 것과 마찬가지이므로 당년의 액을 면하게 되는 것이다.

유두를 놓을 때에는 섬 속에 돈을 넣어 두는 일도 있

다. 그러면 지나가는 행인이나 아이들이 주워가게 되는데, 그것도 적선의 하나로 여겨 왔다.

이렇게 하는 것을 '越江功德'이라고 한다.

또 길이 험하고 비탈지면 넓혀 주고, 가파를 때에는 깎아 평탄하게 만들며, 큰 돌이 있으면 치워 놓기도 하는데 많은 사람의 편의를 위해 착한 일을 권장하려는 뜻에서 생긴 습속일 것이다.

모기 逐送

정초에는 집안에 있는 것을 문 밖으로 내가는 것을 금기로 하는데, 방은 물론 마당을 쓴 쓰레기도 버리지 않고 모아 두었다가 14일 밤에 불에 태우는데, 이렇게 하면 여름에 모기가 없어진다고 해서 '모깃불'이라고 한다. 이때에 靑竹을 불 속에 넣어 두면 마디가 탈 때에 탕탕 하는 요란한 소리가 난다. 이 소리에 모기가 달아나고, 집안에 있는 잡귀들도 달아나게 된다고 한다.

더위를 파는 것처럼 모기를 파는 일도 있다. 동구에 나가 이웃 마을 동장이나 적당한 사람의 이름을 부르면서, "우리 마을 모기 다 가져가게." 하고 외치고 다시 "자네 마을 모기 다 받았네." 하고 마치 매매하는 것처럼 자문자답한다.

이렇게 하면 모기를 이웃 마을에 팔게 되고 그 마을

에는 여름에 모기가 없다는 것이다.

안동 지방에서는 곡식 되는 말을 가지고 밤에 뒷동산에 올라가 이웃 마을을 향해서, "한 말, 두 말" 하고 마치 곡식을 되듯이 모기를 되어서 넘기는 시늉을 한다.

그러면 건너 마을에서는 이 광경을 보고 역시 말을 가지고 산 위에 올라가 곡식 되듯이, "한 말, 두 말" 하면서 되넘긴다.

이것을 '모기 되넘기기'라고 한다.

농촌에서는 여름밤의 모기가 귀찮은 존재이기 때문에 이렇게 미리 *逐送*하는 것이다.

마당찧기

14일 밤에 절굿공이나 떡메를 가지고 마당 네 귀를 찧고 다닌다. 이때에 "여기도 내 땅, 저기도 내 땅" 하고 주언을 외친다.

그러면 연중 복이 가득하고 가택신인 基主가 만족해서 재물이 더욱 늘어난다고 전한다.

샘물 대기

우물이 있어도 물이 잘 나오지 않는 가정에서는 14일 밤에 물이 잘 나오는 다른 우물에 가서 물을 길어오는데, 이를 '샘물 대기'라고 한다.

즉 물이 잘 나는 우물을 골라 물동이나 병으로 길어와 자기집 우물에 부으면서, "빛좋고 물맛 좋으며, 많이 많이 나와라." 하고 주언을 외운다.

이렇게 하면 그 집 우물에서도 물을 길어온 우물과 같이 물이 잘 나온다고 믿고 있다.

동리에서 공동으로 먹는 우물에 물이 잘 나지 않을 때에도, 마을 부녀자들이 물 잘 나는 이웃 마을의 우물에 몰려가서 물을 길어다 자기네 우물에 붓는다. 이때에는 그쪽 마을의 부녀자들과 싸움이 벌어지는 수도 있다.

豊 占

14일에는 1년 농사를 점치는 여러 가지 방법이 있다. 농사일은 봄에서 가을까지가 주가 되기 때문에, 그 사이에 비가 고루 내려서 농작물을 키워 주어야 한다. 우량은 너무 과해도 수해를 입어 해롭고, 너무 적어도 한발이 되므로 농작물에 알맞은 비가 내리기를 기원하는 마음에서 이런 풍속이 생긴 것 같다.

1년 12개월의 일기를 미리 알 수 있는 農占法으로 콩을 불리는 방법이 있다. 사발이나 종지 같은 그릇 12개(윤년에는 13개)에 물을 붓고 콩을 하나씩 담가 15

일 아침에 그 불은 상태를 봐서 비가 많고 적음을 점친다. 즉 다섯번째 그릇의 콩이 크게 불었으면 5월에는 비가 많이 내려서 농사일이 만족스럽게 진행될 것으로 예상되나, 6월의 것이 불지 않았으면 6월에는 한재가 있어 농사일에 지장이 있을 것으로 예상된다. 이러한 농점은 가장 소박하고 원시적인 것이며, 농가에서 가장 많이 하는 방법이다. 이것을 달불이(月滋)라고 한다.

북쪽의 추운 지방에서는 그릇에 물을 담아 밤 사이에 얼어 부풀어오른 상태를 보고 점을 치는데, 많이 부풀었으면 그 달은 비가 많고, 부풀지 않은 달은 비가 내리지 않을 징조라고 한다. 天水에만 의존했던 옛날의 농경 생활에서는 오직 강우량의 많고 적음이 생존을 좌우하기 때문에 이러한 점법이 착상된 것이리라.

15 일(上元)

달맞이(迎月)

　대보름날 저녁, 달이 동쪽에서 솟아오를 때면 사람들은 달맞이를 위해 뒷동산에 올라간다. 한겨울이라 춥긴 하지만 횃불에 불을 붙여서, 될 수 있는 대로 먼저 달을 보기 위해 산길을 따라 뒷동산에 오르는 것이다. 동쪽 하늘이 붉어지고 대보름달이 솟을 때에 횃불을 땅에 꽂고 두 손을 모아 합장하며 제각기 기원을 한다. 농부는 풍년 들기를 빌고, 도령은 과거에 급제할 것을 빌고, 총각은 장가들기를, 처녀는 시집가기를 기원한다. 그러면 소원이 성취된다고 믿었던 것이다. 대보름달은 될 수 있는 대로 남보다 먼저 보는 것이 길한 것이니 서로 앞을 다투어 산에 올라간다.

　대보름달을 보고 1년 농사를 미리 점치기도 하는데, 달빛이 희면 우량이 많고, 붉으면 한발이 있으며, 달빛이 진하면 풍년이 들고, 달빛이 흐리면 흉년이 든다고 한다. 또 달이 남으로 치우치면 해변에 풍년이 들 징조이고, 북으로 치우치면 산촌에 풍년이 든다고 한다.

부 럼(腫果)

 상원날 아침에 일찍 일어나 밤·호도·잣·은행 등을 깨무는데, 이를 부럼이라고 한다. 대개 자기 나이 수대로 깨물기도 하나, 노인들은 이가 단단치 못하기 때문에 몇 개만 깨문다. 여러 번 깨물지 말고 단번에 깨무는 것이 좋다고 하여, 일단 깨문 것은 껍질을 벗겨 먹고 첫번째 것은 마당에 버리기도 한다. 깨물 때에, "1년 동안 무사태평하고, 만사가 뜻대로 되며, 부스럼이 나지 말라."고 기원한다.

 이렇게 하면, 1년 동안 부스럼이 나지 않을 뿐 아니라 이가 단단해진다고 한다.

 상원날의 부럼을 위해서 14일 밤에 미리 과실을 준비해 둔다. 땅 속에 묻었던 밤을 파내서 깨끗이 씻어 두고, 서울 같은 도시에서는 14일 저녁에 부럼을 위한 과실이 시장에도 많이 진열되어 있으며, 주부들은 식구 수를 감안해서 과실을 사간다.

귀밝이술(耳明酒)

 상원날 이른 아침에 술을 마시면 귀가 밝아진다고 해서 모두 술을 한 잔씩 마시는데 이것이 '귀밝이술'이다. 귀밝이술은 데우지 않고 차게 해서 마시며, 일설에는 귀가 밝아질 뿐 아니라 1년 동안 좋은 소식을 듣는다고도 전한다. 귀밝이술은 부녀자도 마신다.

약 식

상원날은 약식을 먹어야 좋다고 한다. 상원날의 약식 먹는 유래는 신라 21대 소지왕 때의 고사에 나오는데 다음과 같다.

소지왕이 즉위한 지 10년 되던 해에 하루는 天泉寺에 行幸했는데 쥐와 까마귀가 와서 울다가, 쥐가 사람의 말로 말하기를, 까마귀가 가는 곳을 따라가 보라고 했다. 왕은 기사로 하여금 까마귀를 따르게 했으나, 남촌에 이르렀을 때 두 돼지가 싸우는 것을 보다가 까마귀를 잃었다. 기사는 까마귀를 찾아 헤매다가 못에서 나온 노인을 만나 奉書를 받아본즉 '開見二人死 不開見一人死'라 적혀 있었다.

기사는 이 글을 왕에게 올리니 왕이 개봉하지 않으려는 것을 日官이 一人은 왕이요, 二人은 서민이라 하는 말을 듣고 개봉한즉 '琴匣을 쏘아라'라고 적혀 있었다. 왕은 궁중에 돌아오는 즉시로 금갑을 활로 쏘니 內殿 焚修僧과 宮主가 몰래 내통하여 왕을 죽이고자 모의하고 있다가 맞아 죽었다.

이런 일이 있은 후로 상원을 烏忌日이라 부르고, 까

마귀를 약식으로 제사지내는 민속이 생겨 오늘날까지 전해온 것이라고 한다.

약식은 14일 밤이나 15일에 만드는데 찹쌀·대추·밤·꿀·잣을 섞어 쪄서 만든다. 약식은 검붉은 빛이 나고, 단맛이 있으며, 오래 두고 먹어도 좋다.

약식은 여러 가지 재료를 섞어서 만든 맛있는 음식이기 때문에 잔칫상에는 으레 오르고 있다.

오곡밥·복쌈

상원날은 다섯 가지 이상의 곡식을 섞어 지은 밥을 먹는데, 곧 오곡밥이다. 보통 밥은 쌀만으로 짓거나 혹은 한 가지 잡곡을 섞어 짓지만 상원날엔 한꺼번에 다섯 가지 이상의 곡식을 섞어 밥을 지어 먹어야 한다.

또 상원날엔 세 집 이상의 타성집 밥을 먹어야 그 해의 운이 좋다고 해서 여러 집의 오곡밥을 서로 나누어 먹는다. 평상시에는 하루 세 번 먹는 밥을 이 날은 아홉 번 먹어야 좋다고 해서 틈틈이 여러 번 먹는다.

상원날에는 밥을 김이나 취에 싸서 먹는데, 이것을 복쌈이라고 부른다. 복쌈은 여러 개를 만들어 그릇에 露積 쌓듯이 높이 쌓아서 성주님께 올린 다음에 먹으면 복이 있다고도 전한다.

때로는 돌을 노적처럼 마당에 쌓아 놓고 풍작을 기원

하는 경우도 있다.

 상원날에 국수를 먹으면 수명이 길다고 해서 국수를 먹는 풍속도 있다.

陳菜食

 상원날에는 호박고지·무고지·외고지·가지나물·버섯·고사리 등 여름에 말려 둔 나물을 삶아 먹는데, 이를 진채식이라고 한다. 상원날 진채식을 먹으면 여름에 더위를 먹지 않는다고 해서 모두들 즐겨 먹는다. 따라서 각 가정에서는 상원의 진채식을 위해 나물을 햇볕에 말려 둔다.

百家飯

 대보름날 여러 집의 오곡밥을 먹어야 좋다는 것은 이미 말했거니와 상원에는 백 집의 밥을 먹어야 좋다고 한다. 그래서 남의 집을 다니며 일부러 걸식을 해서 많은 집의 밥을 먹는 일도 있다. 백가반을 먹지 않으면 어린 아이가 봄에 발병하고, 몸이 마른다고 한다. 백가반을 얻어다가 절구에 올라타고 개와 마주 앉아, 개에게 한 수저 먹인 다음에 자기도 한 수저 먹으면 병이 낫는다고 전한다.

솔 떡(松餠)

정월 대보름날 세웠던 볏가릿대(禾竿)의 곡식을 2월 1일에 헐어서 흰떡을 한다. 이 흰떡은 솔을 깔고 쪄서 만들기 때문에 솔떡이라고 한다.

솔떡은 이웃끼리 나누어 먹기도 하고 머슴은 나이 수대로 먹게 하는데, 이렇게 해야 무병하고 건강해서 일을 잘한다고 한다.

솔떡은 큰 것은 주먹만하고 작은 것은 계란만하게 만들었으며 향유를 발라 먹었다.

놋다리놀이

대보름날 저녁에 경상북도 안동 지방에서 부녀자들이 하는 놀이에 '놋다리놀이'가 있다. 놋다리놀이는 일명 '놋다리 밟기' 또는 '기와 밟기'라고 부르기도 한다. 대보름날 저녁이 되면 안동 시내의 부녀자들 수백 명이 거리로 나와 놋다리놀이를 한다. 지금의 시청 앞 행길을 기준으로 시를 동·서부로 나누어, 두 패가 각기 놋다리놀이를 한다.

맨 앞에는 創笠이라 해서 50, 60대 넘은 할머니들이 선다. 창립의 자격은 여자가 성장해서 성혼하여 자손을 얻었으며 복이 있어 갖출 것은 다 갖추어야 한다. 창립 다음에는 장년이라 해서 30대의 부인들이 뒤를 따른다. 장년 뒤에는 놋다리를 밟는 역할을 하는 수십 명의 사람들이 앞사람의 허리를 두 팔로 감아쥔 채 엎드리는데, 마치 생선을 꿰어 놓은 것 같다. 공주로 선발된 예쁜 소녀를 단장시켜 엎드린 등 위를 밟고 뒤로부터 앞으로 걷게 하며, 시녀 두 사람이 양쪽에서 손을 잡고 부축한다. 이때에 앞에 가는 창립과 장년은 놋다리 노래를 부르고, 뒤따르는 사람들은 제창을 한다.

놋다리놀이를 하는 저녁은 부녀자에게 해방의 날과 같다. 안동 지방은 신라 문화의 중심이었던 경주에 가까운 곳이요, 고려와 조선 시대를 통해서 사상과 문화의 전통을 자랑하는 곳으로 명문 거족들이 많이 사는 곳이기 때문에 양반과 상인의 차별이 심했다. 양반 부녀자들은 외출이 적었으나 이 날만은 저녁에 나가 놋다리놀이에 참여하거나 관람할 수 있었다.

놋다리놀이의 유래에 대해서는 다음과 같은 설화가 있다.

고려 31대 공민왕 10년(1361년)에 왕은 홍두란을 피하여 왕후 노국공주와 함께 안동에 왔다. 왕과 왕후가 蒙塵을 하는 것만으로도 백성으로서는 죄송한 일이었는데, 안동에 거의 다 와서 하천을 건너게 되었다. 이때에 안동의 부녀자들이 나아가 줄을 지어 왕과 왕후가 자기네 등을 밟고 걸어가도록 하는 충성심을 보여 주었다는, 이 고사를 계기로 안동 지방에 놋다리놀이가 기원했다고 전한다.

안동의 놋다리놀이와 유사한 것으로, 의성의 '기와 밟기'가 있으니 일명 '꽃게 싸움'이라고도 한다. 이것도 대보름날 저녁에 부녀들만이 하는 놀이로서, 놋다리놀이와 비슷하다. 다만 다른 점은 놀이에 앞서 여성으로 구성된 농악대가 마을을 한 바퀴 돌면, 그것을 신호로 부녀자들이 행주치마를 벗어 놓고 행렬에 가담하는 것이다. 안동에서는 놀이만으로 끝나지만 의성에서는 승부를 낸다. 즉 등 뒤에 올라선 공주격인 사람은 용감하고 기운이 센 사람이 도맡아 하게 되니 마치 주장격이며, 남북의 주장끼리 마지막에 가서 서로 싸워 상대편을 떨어뜨린다. 의성의 기와 밟기는 안동의 놋다리놀이에 비하면 서민적이고, 진취적이며, 전투적이다. 놋다리놀이와 기와 밟기는 초저녁에 시작하여 밤 늦도록 추운 줄도 모르고 행해진다.

놋다리놀이를 할 때에는 다음과 같은 노래를 부른다.

놋다리 노래

어느운에 놋다리로
청계산에 놋다릴세
이터전이 누터전이로

나라전의 옥터전일세
이기와는 누기와로
나랏님의 옥기왈세
기어데서 손이왔노
경상도서 손이왔네
무슨꽃게 싸여왔노
예게꽃게 싸여왔네
무슨옷을 입고왔노
쌍겹옷을 입고왔네
무슨바지 입고왔노
지죽바지 입고왔네
무슨버선 신고왔노
태레버선 신고왔네
무슨행전 치고왔노
자주행전 치고왔네
무슨망근 쓰고왔노
외올망근 쓰고왔네
무슨관자 달고왔노
옥관자를 달고왔네
무슨풍잠 달고왔노
호박풍잠 달고왔네
무슨동곳 꽂고왔노
산호동곳 꽂고왔네

무슨창의 입고왔노
남창의를 입고왔네
무슨띠를 띠고왔노
광대띠를 띠고왔네
무슨갓을 쓰고왔노
용당갓을 쓰고왔네
무슨갓끈 달고왔노
구슬갓끈 달고왔네
귀가시려 어이왔노
수피휘양 쓰고왔네
손이시려 어이왔노
양모토시 찌고왔네
입이시려 어이왔노
모게쪽을 물고왔네
무슨신을 신고왔노
노파래를 신고왔네
물이깊어 어이왔노
인다리를 밟아왔네
몇대간을 밟아왔노
쉰대간을 밟아왔네
무슨말을 타고왔노
백대말을 타고왔네
무슨안장 싣고왔노

순금안장 싣고왔네
놋다리야 놋다리야

사자놀이(炬子戱)

대보름날 농부들 놀이에 사자놀이가 있다. 사자 모양의 커다란 가면을 쓰고 농악대와 농군들의 일행이 줄을 지어 마을 부잣집을 차례로 찾아가서 춤을 추고 한바탕 논다. 부잣집에서는 술상과 음식으로 일행을 대접하며 때로는 돈과 곡식을 주기도 한다. 이렇게 해서 모인 돈과 곡식은 마을 공동의 기금으로 삼는다. 이때에 사자 외에도 소·말 등의 가면을 만들어 쓰기도 하는데 한가한 농촌의 명절인만큼 즐겁게 놀기 위해서 여러 가지 즉흥적인 놀이를 하기도 한다.

쥐불놀이(鼠火戱)

14일과 상원 밤에 농가에서는 들에 나가서 논둑과 밭둑을 불태우는데 이것을 '쥐불놀이'라고 한다.

가을에 무성했던 둑의 풀이 겨울 동안에 건조해져서 불을 지르면 잘 탄다.

쥐불놀이를 위해서 머슴아이들은 미리 횃불을 만들어 두었다가 달이 오를 무렵에 떼지어 들로 나아가 쥐불놀이를 하는데, 여기저기에서 불타는 광경은 장관을 이룬다.

쥐불놀이는 잡귀를 쫓고 신성하게 봄을 맞이한다는 것과, 잡초를 태움으로써 해충의 알을 죽여 풍작을 기도하며, 봄에 새싹이 날 때 거름이 되도록 하는 데 그 의미가 있다.

또 쥐불놀이를 하면 1년 동안 무병하고 액을 멀리할 수 있다고 믿고 있다.

횃불 싸움

대보름날 저녁에 청소년들은 횃불 싸움을 한다. 대보름을 며칠 앞두고 청소년들은 횃불 싸움을 위한 홰를 만든다. 낡은 마당비를 그대로 사용하기도 하고 대나무 또는 싸리(萩)로 홰를 필요한 수만큼 만들어 두었다가 보름날 저녁에 뒷산에 올라간다. 그러면 건너 마을에서도 횃불 싸움 준비를 갖추고 청소년들이 모여들어 서로 대치한다. 둥근 달이 동녘에 막 솟아오르면 대치하고 있던 패들은 서로 놀려주고 약을 올려 때로는 욕설까지 퍼붓는다. 이때 농악대들은 제각기 자기네 편의 기세를 올리기 위해서 신나게 한바탕 농악을 울려 흥을 돋운다. 흥분이 고조에 달했을 때에 용감한 청년이 머리에 수건을 질끈 동여 맨 채 손에 횃불을 들고 앞장을 서

싸움을 시작한다. 이때에 소년은 소년끼리, 청년은 청년끼리 싸우게 된다.

횃불을 든 수많은 사람들이 어울려 횃불을 휘두르며 싸우는데, 서로 함성을 지르면서 때리고 차고 심지어는 옷까지 태우고 하는데 매우 용맹스러워 보인다. 부상을 당하거나 횃불을 빼앗겨 항복한 사람이 많거나 또는 후퇴한 편이 패하게 된다.

횃불 싸움은 협동 정신을 기르고 남성적인 용감성을 나타내는 놀이로서 고대 전투의 연습이기도 했다.

줄다리기(索戰)

줄다리기는 주로 남부 지방에서 대보름날을 전후해 행해지는 놀이다. 마을과 마을끼리 또는 한 郡이 동·서 혹은 남·북으로 편을 갈라 줄을 당긴다.

정초부터 집집마다 돌아다니며 짚단을 얻어다가 직경 10센티, 길이 백 미터쯤 되게 줄을 엮는다. 줄다리기하는 날이 되면 마을의 모든 청장년은 줄을 메고 광장으로 행진하는데 농악이 선두에 서고, 관을 쓰고 수염을 길게 만들어 달고 대장복을 위엄있게 차려 입은 사령이 지휘를 한다. 한 곳에 여러 마을의 줄이 도착하면 두 편이 각각 수십 개의 줄을 모두 모아 한쪽 끝을 하나로 꼰 후, 직경이 2자쯤 되는 머리를 만들고 나머지 부분은 여러 갈래로 늘여 새끼줄과 손잡이 줄로 한다.

줄 머리를 양편이 서로 연결시키는데 동쪽 또는 남쪽 줄을 수(雄)줄이라고 부르며, 서쪽 또는 북쪽 줄을 암(雌)줄이라고 한다. 암줄은 원형으로 도래를 만들고 그 속에 수줄을 넣으며 '꽂대'라고 하는 길이 2미터, 직경 30센티쯤 되는 櫟木을 베어다 가로질러 줄이 빠지지 않도록 만든다. 꽂대를 꽂을 때에 음담들을 해가면서 작업을 하기 때문에 시간이 걸린다. 이 작업을 할 때에 성급한 군중들이 줄을 잡아당기면 부상자가 나게 되므로 총사령은 호령을 하며 지휘를 한다.

각 마을에서 모여든 농악대는 제각기 자기 편의 기세를 올리기 위해서 신나게 농악을 울리므로 수십 팀의 농악대가 장관을 이루게 된다. 이때에 모여드는 군상은 수천에서 수만을 헤아리게 되는 경우도 있다. 68년 정월 대보름날 경상북도 의성에서 줄다리기를 했을 때는 군을 남북으로 갈라서 했는데, 약 3만의 군중이 모여 줄다리기를 했다.

꽂대 꽂는 작업이 끝나면 쟁을 울리는데, 군중이 많고 광장이 넓어서 뒤까지 들리지 않을 때에는 공포를 쏘아 전투 개시 신호를 올린다. 신호가 오르면 줄을 잡아당기기 시작하는데 총사령의 지휘하에 편끼리 기를 휘두르며 힘을 겨루는 장면은 매우 장관이다. 줄을 많이 당긴 편이 이기는 것이며, 승부가 나지 않을 때에는 수일을 두고 싸우는 수도 있다. 승부가 나면 이긴 편은 농악을 울리고, 춤을 추며, 줄을 메고 간다. 이긴 편은 풍년이 들고 무병하며 재화가 없고, 진 편은 반대로 흉재가 있다고 한다. 줄다리기했던 줄은 썰어서 논에 거름으로 삼으면 풍년이 든다. 어부가 줄을 한 토막이라도 배에 싣고 가면 그 배는 만선한다고 해서 어부가 비싸게 줄을 사가는 수도 있다.

줄다리기는 힘을 겨루는 일이기에 남성들만 하지만 신바람이 나면 먼 데서 구경을 하던 부녀자들도 뛰어들어 자기 편에 가세하고, 때로는 자기네가 지게 되면 앞치마에 돌을 가득 담아 가지고 줄에 매달린다. 중량을 주기 위해서이다. 줄다리기할 때에는 수많은 사람들로 인산인해를 이루니 임시로 밥장수나 떡장수를 비롯해서 여러 노점이 생긴다. 목이 타고 힘이 빠지면 술을 마시고 밥을 먹고 다시 싸움에 뛰어들기도 한다.

줄다리기 장소는 보통 광장을 택한다. 마당이나 학교 운동장으로는 도저히 그 많은 인원을 수용할 수가 없으므로, 보리를 간 들이나 강변의 넓은 백사장에서 하는 경우가 많다.

줄다리기는 협동 정신을 양성하기 위해 필요했으며 때로는 가까운 이웃 군민들까지 구경 나왔다가 가세하는 일도 있다.

보름 줄다리기

추수가 끝나고 동짓달에 접어들면 전남 장흥군 장흥읍에서는 섬진강을 사이에 둔 여러 마을에서 제각기 조그마한 줄을 만들어, 소규모의 줄다리기가 동짓달 보름과 섣달 보름날에 행해진다. 그러다가 정월 보름날이 되면 양쪽 마을에서는 마을 대항의 큰 줄다리기가 벌어지는데, 이것을 보름 줄다리기라고 한다.

남밖심리·남외리·충열리·교촌 삼리는 서부가 되고 부원리와 건산리는 동부가 되는데 때로는 인근의 마을은 물론이며 면까지 합세하는 수도 있다.

정월 상원날이 되면 양쪽 마을에서는 굵기가 한 아름이나 되고, 길이가 백 미터 되는 큰 줄을 만들어 장정들이 메고 마을을 몇 바퀴 돌며 시위를 한 다음 동헌에 들러 참배를 한다. 이때에 수십 개의 횃불이 선두에서 길을 밝혀 주고 뒤에는 農旗와 令旗가 따르며 그 뒤에는 농악대가 길을 인도한다.

줄 위에는 첫 멜대와 둘째번 멜대 위에 5, 6층의 竹欄干을 만들어 수십 개의 청사초롱을 매달아 불을 밝힌다. 줄 위에는 지방의 양반이나 유지가 기생과 함께 화사한 옷을 입고 올라타고 간다.

동헌 참배가 끝나면 줄다리기가 벌어질 강변으로 간다. 강변에서는 북놀이가 한바탕 벌어진 다음 고싸움을 하고, 이 고싸움이 끝나면 수고인 동부의 고를 서부의 암고 속에 집어넣고 비녀로 연결한 다음 줄다리기를 시작한다.

줄다리기 때가 되면 인근에서 수천 명의 군중이 모여들고 농악과 소란과 힘찬 외침 소리가 뒤범벅이 되면, 줄을 많이 끌어간 편의 승리로 결판이 나는 것이다. 이긴 편은 줄을 메고 마을에 돌아가 기세를 올리며 승리감에 도취한다.

보름 줄다리기는 고싸움과 줄다리기를 연결시킨 점이 특이하며, 청사초롱과 여인이 등장하는 점도 특기할 만하다.

石 戰

석전은 '돌싸움' 또는 '편싸움'이라고도 한다. 석전은 상원에 하는 것이 보통이나, 지방에 따라서는 5월 단오 또는 8월 한가위에 하는 곳도 있다.

마을 대 마을, 또는 한 지방을 동·서, 남·북으로 나누어 하천을 사이에 두거나 백여 보 거리를 두고 서로 돌을 던져 싸우는 것이다. 자연석이 많기 때문에 강변에서 행해진다. 또 하천을 사이에 두면 접근전을 할 수 없으므로 혼란을 막을 수도 있다. 강변이 아닌 경우에는 미리 주먹만한 돌을 주워다 놓아 싸울 준비를 한다.

양편이 협의해서 정한 시간에 돌을 던져 싸우기 시작하면 주먹만한 돌이 하늘을 휙휙 날아 상대편에 떨어지기 때문에, 얻어맞고 부상당하는 사람도 많다. 용감하고 강한 편은 후퇴를 모르지만 약한 편은 달아나기 때문에 패배를 하게 된다.

석전은 부상자를 내는 과격한 싸움이지만 尙武精神을 양성하는 좋은 경기이다. 우리 민족은 일찍이 석전을 하였으니 《唐書》 '고구려전'에 의하면 국왕이 관전하는 가운데 거행되는 국가적 행사였고, 전투적 연무를 예습하는 유희였다. 《고려사》와 《이조실록》을 비롯하여 세시풍속기에서 흔히 찾아볼 수 있었으니, 전투 예습으로 성행하였다. 일제 때에는 부상자가 난다는 것을 빙자해서 민족적 단결과 용감성을 없애기 위해 금지한 적도 있다.

踏 橋

대보름날 밤에 남녀노소가 모두 거리에 나가서 다리를 밟는데 이를 '다리밟이'라고 한다. 다리를 밟으면 1년 동안 다리의 병을 앓지 않고 건강하며, 다리 열둘을 밟으면 1년 열두 달 동안 健脚으로 지낼 뿐 아니라 액을 면한다는 데서 누구나 다리를 밟았던 것이다.

다리밟이의 유래를 살펴보면 고려 때에는 남녀가 쌍

쌍이 밟으므로 매우 혼잡을 이루었고, 조선 때에는 부녀자의 외출이 자유롭지 못했기에 여성의 다리밟이는 줄었으나 그래도 장옷을 입고 얼굴을 가린 채 다리 밟는 일이 많았다고 한다.

대보름날 밤은 모두 다리를 밟으러 나오기 때문에 매우 혼잡하였고, 양반들은 상민과 함께 어울리기를 꺼려서 미리 앞당겨 14일에 다리를 밟았으니 이것을 양반다리밟이라 하였다. 또한 부녀자들은 혼잡을 피하기 위해 하루 늦추어 16일에 밟기도 했다.

서울에서는 광교와 수표교가 가장 혼잡했다고 하며 시골에서도 마을에 있는 다리를 왕래해서 형식을 갖추었다. 다리는 많이 밟을수록 좋다고 해서 다리 하나를 여러 번 왕래하거나 또는 여러 곳의 다리를 찾아다니며 밟는 일도 있었다.

고싸움

전라남도 장흥·강진·영암에서는 정월 보름날을 전후해서 고싸움놀이를 한다. 고싸움놀이는 원래 줄다리기에 앞서 하는 놀이였다고 하나, 광산군 대촌면 칠곡리 못돌 마을에 전하는 것을 보면 독립된 놀이로 분화되어 있고 그 자체만으로 큰 행사가 되어 있다.

정월 십여 일쯤 마을 소년들 사이에 먼저 어린이 고

싸움이 전초전으로 벌어진다. 즉 작은 고를 만들어 메고 상대방 마을 앞에 가서 노래를 부르고 기세를 올리면 그 마을에서는 약이 올라 작은 고를 만들어 가지고 나와 맞붙어 싸우게 된다. 이렇게 며칠을 하다가 상원 무렵에는 드디어 어른들에 의해서 큰 고싸움이 벌어지게 된다.

아래윗마을이 합동으로 마을 앞에서 '삼일굿'을 지낸 다음 제각기 마을로 돌아가 '마당밟이 굿'을 하고 마을 대표들이 모여 고싸움을 하기로 협의한다. 협의가 끝나면 각 마을에서 40대의 장년 중에서 고싸움을 지휘할 '줄패장'을 선발한다.

집집마다 돌아다니며 짚다발을 갹출해서 고줄을 만들고, 산에 가서 나무를 베어다 고 만드는 데 쓴다.

고는 동아줄을 여러 개 합해서 다시 새끼줄로 감아 아름드리로 크게 한 다음, 서로 고를 세워 사람 키보다 크게 원형으로 만든 후 30미터쯤 되도록 길게 한다. 이 고를 통나무로 괴어 세워서 서로 밀어도 쓰러지지 않도록 한다. 고는 크고 무거워 한두 사람으로는 도저히 멜 수가 없으므로 길이 5, 6미터 되는 몽둥이를 여러 개 고 밑으로 가로질러, 이것을 장정들이 메고 나아가 싸우는 것이다.

줄패장이 고 위에 올라앉아 고를 멘 멜꾼을 지휘하는데 이때에 서로 戰意를 돋우기 위해서 농악을 울리고 노래를 부르며 마을을 한 바퀴 돌아 시위를 한다. 멜꾼들은 민첩하고 강한 투지와 박력이 있어야 하므로 20, 30대의 젊은이들이 담당한다. 멜꾼의 수는 일정하지 않으나 50명에서 80명 정도로 한다.

고싸움을 할 때에는 마을을 상징하는 농기를 내다가 세워 두고, 그 옆에 영기를 꽂아 두며 밤에 할 경우에는 횃불이나 관솔에 불을 붙여 여기저기에 꽂아 두고 마을 노인이나 여인들이 들고 서서 자기네 마을을 응원하기도 한다.

고싸움은 줄다리기와는 달리 서로 고를 밀고 눌러 상대편의 고가 짓눌려 땅에 닿게 하는 것이다. 고가 땅에 닿으면 진다.

고를 메고 그 위에 줄패장을 태운 다음 노래를 부르며 마을을 한 바퀴 빙 돈 후에, 고싸움터인 넓은 논으로 간다. 이때에 상대방의 고도 들어와 서로 대치한 상태에서 전의는 충천하게 된다.

고는 줄패장의 지시에 따라 서서히 접근해서 앞으로 다가갔다가는 뒤로 물러난다. 이렇게 몇 번이고 되풀이하면서 기회를 노린다. 이윽고 줄패장의 "밀어라!" 하는 호령이 떨어지면 멜꾼들은 "와!" 하는 함성을 지르며 가랫대를 들어 고를 높이 쳐들고 쏜살같이 달려가 상대편 고에 부딪친다. 그러면 고는 서로의 힘 때문에 높이 솟게 된다. 이 순간 줄패장들은 서로 잡아 아래로 떨어뜨리려 엎치락뒤치락하게 된다. 이때에 불리하면 줄패장은 "빼라" 하고 외치고 멜꾼들은 고를 뒤로 당겨 후퇴한다. 한참 동안 농악을 치고 휴식을 취하는 동안 다시 전열을 가다듬어 "밀어라!" 하는 호령과 함께 대접전을 하게 된다. 이렇게 여러 번 접전이 되풀이되면 응원하던 사람들도 뛰어들어 가담하게 되고 부상자도 나게 된다. 마을의 명예가 달려 있을 뿐 아니라 꼭 이기려는 욕심 때문에 굽히지 않고 싸운다.

그러나 고싸움은 때로는 하루이틀에 끝나지 않고, 힘이 비슷해서 좀처럼 승부가 나지 않을 때도 있다. 이럴 때에는 며칠을 두고 고싸움이 계속되며, 인근에서는 응원도 하고 큰 구경거리로 많은 사람들이 운집하게 된다. 그럴수록 농악대는 기세를 올리고 마을 사람들은 술과 음식을 마련해서 멜꾼을 격려하게 된다.

그래도 승부가 나지 않으면 2월 1일의 줄다리기로써 결판을 낸다.

칠곡리의 웃대미(상칠곡)는 동쪽에 있고, 아랫대미(하칠곡)는 서쪽에 있는데, 웃대미를 수(雄)로 보고 아랫대미를 암(雌)으로 보아 암인 아랫대미가 승리하면 풍년이 든다고 해서 고싸움은 농경의식으로 풍흉을 점치기도 한다. 고싸움은 전투적이며 만만한 투지와 협동·단결과 강한 의지력이 있어야 하며 줄패장의 일사불란한 통제력을 필요로 한다. 더욱이 농경을 생업으로 삼은 호남 지방에서는 농경의식의 일종으로 발전하였다.

고싸움 때에 부르는 노래로는 세 가지가 있는데,

①은 싸움에 앞서 고를 메고 마을을 돌아다니며 시위할 때에 부르고,

②는 싸우다가 잠시 후퇴해서 전의를 돋울 때에 부른다. 그리고

③은 싸움에서 이겨 고를 메고 마을로 돌아가며 부르는 승전가인데 그 노래들은 각각 다음과 같다.

　　고싸움 노래 ①
청천 하늘에 잔별도 많고
사―아 아하
어뒤―허 어뒤―허
요내 가슴에 수심도 많네
사―아 아하
어뒤―허 어뒤―허
녹음방초 연년이 온다
사―아 아하
어뒤―허 어뒤―허
정든님 소식은 돈절
사―아 아하
어뒤―허 어뒤―허

고싸움 노래 ②

지화자 헤―
지화자 헤―
도동추야 지화자 헤―
달도밝고 지화자 헤―
임생각이 지화자 헤―
절로난다 지화자 헤―

고싸움 노래 ③

이겼네 이겼네
서부가 이겼네
졌네 졌네
동부가 졌네
이길라고 내려왔든
동부 청년들
어찌하여 지고 가는가
내년 요때나 만나나 보세

車戰놀이

안동 지방에는 상원날 아니면 그 전날에 차전놀이가 행해지고 있다.

차전놀이란 '동채 싸움' 또는 '동태 싸움'이라고 부르기도 하는데, 별다른 이유가 없는 한 상원이나 그 전날에 거행하는 것이 통례이고, 마을에 큰 不淨이 있을 때에는 정초의 길일을 택해서 한다.

추수가 끝나면 마을의 노인들이 모여 차전 거행에 대한 논의를 하고, 그것이 결정되면 상대편에게 통고한다.

차전놀이를 할 때는 안동 시내가 동·서의 두 패로 갈라져 편을 짜고, 안동군 내의 각 면도 동·서로 갈라 수천, 때로는 수만 군중이 모여 차전놀이를 한다.

우선 차전에 쓰일 목재를 산에 가서 베어오는 의식부터 진행되는데, 목재를 벨 때는 고사를 지내고 도포를 입는다. 옛날에는 운반하는 도중에도 현감이 책임을 지고 호송을 했다 한다.

여인의 출입이 금지되고 부정한 사람의 출입도 막은 채, 차를 만들어 두었다가 당일에 메고 나와 승부를 내는 것이다.

동서부가 서로 기세를 올리며 농악대를 앞세워 넓은 강변에 모여 싸우는데, 대장은 동채 위에 올라서서 자기편을 지휘한다. 동채 앞에는 힘이 장사인 머리꾼이 팔짱을 끼고 어깨로 밀면, 동채꾼은 동채를 메고 대장의 지휘에 따라 전진을 하거나 좌우로 돌거나 혹은 후퇴를 하면서 접전을 한다. 이렇게 서로 싸우다가 상대방의 동채를 눌러 땅에 닿게 하면 승부가 나는 것이다. 이긴 편은 상대편의 동채 위에 올라타 동채를 뜯어 하늘 높이 던진다. 진 편은 힘없이 짚신으로 땅을 치며 흩어지게 된다.

동채 싸움을 할 무렵이면 탄생지 위주로 동서를 구분하기 때문에 부부간에도 소속을 달리하게 되며 같은 편에서는 완전한 협동체를 이루게 된다. 즉 동채를 만드는 작업에 협동하고, 경비도 서로 공동 부담하며, 손발을 쓰지 않고 오직 어깨의 힘으로 밀며 당당히 시합하기 때문에 상무정신을 발휘한다.

동채는 길이 20, 30자 되는 단단한 나무 두 개의 한 끝을 붙여 ∧형으로 만들고 중간에는 麻絲로 원형의 방석을 만들어 대장이 탄다. 대장은 방석 위에 서서 전체를 지휘하는 것이다.

차전놀이를 하게 된 동기는 후백제의 견훤과 고려의 왕건이 싸울 때에 안동에서 三太士가 왕건을 도와 견훤을 물리쳤다는 데서 유래했다고 한다.

차전놀이는 협동과 질서와 상무의 정신을 앙양시키는 향토 민속놀이로서 무형 문화재로 지정되어 보존과 육성이 강구되고 있다.

원 놀 음

경상도 일대에서는 정초에 서당 아이들 사이에 '원놀음'이라고 하는 놀이가 있었는데, 이를 '서당놀이'라고도 부른다.

 정초에 세배와 성묘가 끝나고 나면 상원 무렵이 된다. 한가한 날 서당 아이들이 모여 守令・吏房・戶房・禮房・兵房・刑房・通引史令・官奴・官婢・日守・守聽妓生 등 하위 관속원을 정하고, 또 백성을 등장시켜 억울한 송사를 제기하게 하여 원님이 재판하는 흉내를 내는 놀이로서 모의 재판과 같은 것이다.

 원님은 언제나 총명하게 일을 판단해서 백성의 억울한 점을 해결해 주어야 하므로 이러한 원놀음을 통해서 장차 학동들이 맡을 일들을 미리 試演하는 셈이다.

 관원 중에는 마음씨 고약한 汚吏도 있으니 원놀음을 통해서 탐관오리를 처벌하고 선량한 백성들을 보호하는 연습도 하는 셈이다.

 학동들의 원놀음은 노인들의 질책을 받는 일도 있었다. 그래서 놀이하는 무대를 버젓이 만들지 못하고 富農의 사랑방 마루에서 하거나 때로는 잔디밭이나 구릉에서 여러 사람이 보는 가운데 제법 연극적인 효과를 내면서 공연하는 수도 있었다.

 큰 서당에서 과거에 등과하는 일도 많았으니, 학동들이라 해도 才士들이 모인 서당의 원놀음은 지방 수령이 재판하는 것 못지않게 재치있고 의젓하게 진행되었으며 때로는 관노를 잡아다 호통치는 일도 있었다.

 원놀이를 하기 위해서 1900년경 경상북도 영양에서

는 군수가 적극 협력하여 놀이를 준비하였고, 백성들의 억울함을 알기 위해서 군내 가가호호에 비위의 정보를 수집하는 일도 있었다. 그리고 吏屬들의 백성에 대한 부정을 조사해서 범법자를 출두하게 하는 등 실제의 법정을 방불하게 하는 일도 있었다.

원놀음이 서당 학동들의 정초의 한가한 놀이라고는 하지만 규모가 크고 수준이 높아지면 演戱의 한도를 넘어서 관원의 권위에 육박하는 수도 있었다.

방실놀이

전라남도 도서지방에서는 상원 자정에 방실놀이를 한다.

어촌 가가호호에서 길이 두 자쯤 되게 모형선을 만들어 촛불이나 횃불 또는 종지에 심지불을 밝혀 배에 싣고 바다에 띄운다. 그러면 모형배는 파도에 출렁대며 바다를 떠가는 것이다. 수십·수백의 모형배가 불을 밝히고 출렁이는 모습은 장관을 이룬다. 이 배를 '매생이(馬上伊)배'라고 한다.

배가 물결에 떠가는 것을 보고 사람들은,

"매생아, 매생아, 금년의 내 액운을 다 실어가고 명과 복을 가져오너라." 하고 외치기도 한다.

또 이웃 섬 사람들의 이름을 부르며,

"우리 마을 모기를 다 실어 보내니 잘 모시게." 하고 농담을 하기도 한다.

農旗 세배

상원에 전북 지방에는 농기 세배와 농기 뺏기의 행사가 있다.

정월 초사흗날부터 마을 농부들은 농악을 치면서 집집마다 다니며 錢穀을 얻는 乞粒을 해서 경비를 마련해 가지고, 14일 밤이 되면 마을 堂山에서 농기에 대한 제사를 올린다.

상원날 아침에 여러 마을의 농기가 한 곳에 모여들고, 농기의 수만큼 농악대도 모여 제각기 방위를 맞춰 정렬한 다음 대장기에 대해서 차례로 기를 숙여 세배를 한다. 이때에 上大里의 농기가 대장기가 되며, 나머지 기들은 만들어진 연대 순에 따라서 형제 관계를 정한다.

기 세배 때에는 서로 먼저 절을 받으려고 실랑이를 벌이기도 한다. 세배할 것을 다투다가 때로는 싸움이 벌어져 서로 농기를 빼앗으려고 하는데 이때에 '농기 뺏기'가 벌어진다.

농기 뺏기는 상대편 농기 꼭대기에 올라가 위에 꽂힌 꿩깃을 뺏으면 승리하는 것이다.

旗 세우기

전라북도 지방에서는 상원날 밤에 긴 장대 끝에 종이와 실로 기를 만들어 달고는 불에 태워 그 재가 멀리 날아가도록 하는데, 이를 '상낭 태우기'라고 한다. 이렇게 하면 1년 동안 신수가 좋고 액을 막을 수 있다는 것이다.

또 지붕 용마름 양쪽에 기를 만들어 세우거나 팔랑개비를 만들어 꽂아 두기도 하는데 이것은 손님, 즉 천연두의 예방을 위한 것이다.

달집 태우기

상원날 저녁에 달이 떠서 望月을 한 무렵이면 마을 뒷동산이나 넓은 마당에서 달집 태우기를 한다.

마을 청년들이 산에 가서 청송을 베어다 세우고 그 옆에 가가호호에서 얻어 온 짚단을 세우면 마치 큰 노적처럼 된다. 이렇게 마을 공동으로 만든 달집에 달이 떠서 막 보일락말락 할 때에 여기에다 불을 붙인다. 화기는 충천하며 환하게 멀리까지 비친다. 달집이 훨훨 잘 타야만 마을이 태평하고 풍년이 들며, 만일 연기만 나고 도중에 불이 꺼지면 마을에 액운이 있다고 한다.

달집 태울 때에 마을 사람들은 농악을 치며 한바탕

뛰고 즐겁게 놀며 환성을 지른다.

각 가정에서는 달집을 마당에 조그맣게 만들어 불태우는 일도 있다. 이때에 띄우던 연을 그 위에 꽂아 태워 액막이를 하는 수도 있다.

地神 밟기

정월 보름날 영남 지방에서는 지신 밟기를 한다. 지신 밟기란 농민 사이에 행해지는 일종의 가장행렬이며, 지신을 위로하는 민속놀이다.

마을의 청장년이 모여 士大夫・九大夫・砲手로 나뉘어 포수는 짐승털로 만든 모자를 쓰고, 총을 메며, 등 뒤에 멘 망태기에는 꿩을 잡아넣은 후 총 쏘는 시늉을 하고, 사대부와 구대부는 관을 쓰고, 긴 담뱃대를 물고, 위용을 보이며 점잖게 행렬의 앞에 간다. 농악대는 징・꽹과리・장구・북을 치며, 그 뒤에는 동민들이 줄을 지어 마을에서 넉넉하게 사는 집을 차례로 찾아가 지신을 밟아 준다.

대문 앞에 가서, "주인 주인 문 여소, 나그네 손님 들어가오."라고 말하고는 일행이 문 안으로 들어가 농악을 울리면서 마당・뒤뜰・부엌・광을 돌아다니며 춤을 추고 논다.

집 주인은 지신 밟기 일행이 찾아오면 급히 떡과 과

일과 술상을 차려 놓고 일행을 대접하며, 때로는 지신을 밟아 주어서 고맙다고 곡식이나 돈을 주어 답례한다. 이렇게 지신을 밟으면 그 집을 담당하고 있는 지신이 흡족해서 주인과 가족의 수명과 건강을 지키고 除禍招福을 마련해 준다고 전한다.

한 집이 끝나면 다시 다음 집으로 찾아가 지신을 밟아 주고 향연을 받으며, 이때에 받은 돈과 곡식을 모았다가 마을 공동의 기금으로 삼아 악기를 장만하거나 다리를 놓거나 부락민 공동의 복지를 위한 자금으로 쓴다.

지신 밟기 놀이는 지방에 따라 다소 다르나 대개 서두에서 잡귀잡신은 물 아래로 물러가고, 천복만복은 이 집으로 오라고 축원하는 말을 하며 노래를 부른다.

地神 밟기 노래

주인 주인 문 여소
나그네 손님 들어가오
어허라 地神아
이 집을 지을 적에
어느 大木이 지었소
洞里 李大木이
갖은 연장을 가지고
거지空山에 치지달아
서른세명 役軍들이

玉도끼 둘러메고
양평가평을 들어가서
空山에올라 小木베고
굽은낡은 등을치고
자진낡은 곱기쳐서
龍의머리 터를닦고
鶴의머리 집을세워
네귀에 풍경달고
東南風이 건듯부니
풍경소리 요란하다
어허라 地神아
조앙의 각씨야
니가무엇을 불붓나
나며부앙 조앙신
백우부아 조앙신
여펑기란 조앙신
어허라 地神아
左靑龍은 右伏코
右白虎는 左伏코
靑龍黃龍은 누릴제
雜鬼雜神은 물알로
어허라 地神아
온갖千石을 부르세

콩도千石 팥千石
兩大千石 부르세
왼갖도독을 막우자
발큰도독을 막우자
어허라 地神아

진대 끌기

전라남도 지방에서는 뱀을 방언으로 '진대'라고 하는데, 뱀을 몰아내는 민속으로 '진대끌기'가 있다.

정월 上巳日이나 14일 밤, 혹은 상원 아침에 진대 끌기를 한다.

진대는 아주까리 대에 여자의 머리카락을 달아 매고 짚신·숯·고추·붉은 헝겊 등을 주렁주렁 달아맨다. 그리고 대에다 왼새끼를 칭칭 감아 뱀 모양으로 하여 땅에 끌리도록 길게 한다.

한 사람이 앞에서 아주까리 대를 쥐고,

"진대 끌자, 진대 끌자." 하며 새끼를 끌면 뒤에 있는 사람은 "두두두!" 하면서 뱀을 모는 시늉을 하고 따른다. 이렇게 집안을 한 바퀴 돌고 작년에 뱀이 많이 나왔던 곳이 있으면 그곳을 거쳐 집 밖으로 몰고 나와 버린다. 이렇게 하면 뱀이 없어져서 피해가 없다고 한다.

또 상원에 삼삼기할 때 달구어진 돌을 빻아 뱀이 나

올 만한 곳에 뿌리면 예방이 된다고 해서 아침 일찍 집 사방에 뿌리기도 한다.

埋鬼

매귀는 악귀를 쫓는 민속적 행사로서 '埋鬼 묻는다'고도 하며, 주로 충남과 호남 지방에서 하는데 영남 지방의 지신 밟기와 비슷하다.

정초에서 대보름 사이에 마을 청장년들이 떼를 지어 농악을 앞세우고 머리에는 고깔을 쓴 후 마을 집집마다 찾아다니며 춤추고 노래 부른다. 매귀꾼을 맞이한 농가에서는 주안상을 차려서 대접하며, 돈이나 곡물을 주는 일도 있다. 이렇게 해서 모은 돈과 곡물은 합해서 동리 공동의 기금으로 삼아 복지 사업이나 공동의 기구를 구입하는 데 쓰기도 한다.

매귀를 하면 악귀가 진압되어, 그 집안이 연중 태평해서 가운이 융창하다고 한다.

전남 지방에서는 '매귀', '매굿' 또는 '踏場(庭)굿'이라 부르기도 한다.

山祭・洞神祭

산제는 동리의 수호신인 산신을 제사하는 것인데, 산

제가 바로 동신제란 이름으로 불려지기도 한다.

산제는 정월 대보름날 혹은 대보름을 전후한 길일을 택해서 지내기도 한다.

동리의 수호산에 단(山祭壇)을 만들거나 堂宇(山祭堂)를 짓고 이곳에서 제사를 지낸다. 설날이면 제사를 담당할 '화주집'에 농기를 세워 두는데, 화주는 부정이 없어야 하고 목욕재계해서 몸을 청결하게 가져야 하며 마음가짐도 선량해야 한다. 祭器는 해마다 새로 장만하는 것이 상례이고, 祭水로 쓸 우물 둘레에는 황토를 살포해서 악귀나 마음이 불량한 사람의 출입을 막고, 우물은 멍석을 덮어 함부로 사용하는 것을 금한다.

제삿날이 되면 농기를 앞세우고 농악대와 동민이 산제단으로 가서 농기를 세워 둔 채 밤을 기다린다.

밤 자정이 지나 첫닭이 울면 산제를 올리는데, 새 그릇에 새 음식이 제격이며 祭需는 모두 화주집에서 만들어 온다. 祝官의 讀祝이 끝나면 동민 각 호주의 燒紙를 올린다.

산제당에는 神像이 그려져 있는데 대개 仙人이 호랑이를 타고 있거나, 호랑이 옆에 있는 모습의 그림이다. 호랑이는 산신을 상징하며, 山君이라고 부르는 까닭도 여기에 있다.

산제의 제관은 부정이 없는 사람만이 맡을 수 있고 진행 과정에서도 부정이 없어야 하는데 부정이 타면 오히려 산신의 노여움을 사서 화를 입는다고 전한다. 동신제에 소용되는 비용은 동민이 공동으로 부담한다. 祭儀 진행 중에는 제관뿐 아니라 동민 전체가 합심해서 엄격히 금기를 지키고 부정이 없도록 노력하며, 遠行을 하지 않고, 외출해서 부정한 것을 본 사람은 제사가 끝나는 날까지 집에 돌아오지 못한다. 동신제는 제관만이 아니라 동민 전체의 사활과 관계 있는 것이라 믿어지고 있기 때문에 계속 행해지고 있다.

別神祭

별신제란 이름의 鄕土神祀가 많지만 여기에서는 규모가 큰 '은산 별신제'에 대하여 설명한다.

은산 별신제는 3년마다 한 번씩 정월 또는 2월에 거행한다.

전설에 의하면 옛날 은산 지방에 전염병이 창궐했는데 이때에 마을 한 노인의 꿈에 장군이 현몽하여 원혼을 제사해 주면 악질을 퇴치해 주겠다고 했다. 마을 사람들은 현몽대로 제사를 올렸더니 과연 전염병이 없어졌고 그 은공을 갚기 위해 별신제가 시작되었다는 것이다. 장군을 제사하기 때문에 축문 중에는 장군축이라 해서 중국과 한국의 역대 명장들의 이름이 나열되고 있다.

별신제는 마을 사방의 길가에 있는 장승 옆에 세우는

陳대베기에서 시작되어 꽃받기, 기마대의 진치기, 巫女의 呪願, 上堂·下堂 燒紙, 장승 세우기까지 약 15일이 걸리는데 上堂日과 下堂日이 가장 성대하고 군중도 많이 모인다.

임원은 대장을 비롯해서 別座에 이르기까지 수십 명이며, 기수만 해도 31명이고 제물 운반인까지 치면 백여 명의 행렬이 장관을 이루게 된다.

祭費는 마을 공동의 재산과 유지의 기부금, 그리고 乞粒收入으로 충당한다. 임원이 되는 사람들은 부정이 없고, 신중을 기해야 하며, 대장은 하급 임원에게 수당을 줄 수 있는 능력이 있어야 한다.

별신제는 마을의 吉福을 보증한다고 믿고 있기 때문에 지방인은 정성을 다하고 있다.

제물을 만드는 화주집은 금줄을 쳐 부정을 막으며, 祭堂 근처도 神域으로서의 금기가 행해지고, 임원들은 매일 목욕재계하여 정성을 다한다. 특히 神이 좀처럼 내려오지 않을 때에는 임원 중에 부정이 있다고 해서 목욕재계를 몇 번이고 다시 한다.

당집에서 별신제를 지낸 다음날에는 시장 안에 있는 천여 년 묵은 古槐木 앞에서 거릿제를 지낸다. 거릿제는 주로 주민들이 무당을 불러 지내는데 시장의 번영을 위해서 지내는 것이다. 이때에 상인들은 錢穀을 내놓는다.

별신제의 마지막날에는 恩山으로 들어오는 길목마다

세워 둔 장승을 새로 만들어 세우고 여기에 陳木을 꽂아 둔다. 이렇게 하면 장승이 악귀의 출입을 막아 마을이 태평을 누릴 수 있다고 믿고 있다.

별신당은 은산의 뒷산인 堂山의 서쪽 恩山川 절벽 옆에 자리잡고 있으며, 고목에 둘러싸여 있다. 정면 벽에는 主神인 산신의 畵像이 있고, 좌측 벽엔 福信將軍, 우측 벽에는 士進大師(道琛大師의 誤記)의 畵像이 있으며, 평년에는 정초에 산신에게만 제사지내고 3년 만에 있는 別神祭 때에는 모두 지내는 것이다.

새 쫓 기

호남 지방에서는 14일 밤이나 상원날 아침에 새 쫓는 시늉을 한다. 즉 마당에 서서 장대를 들고,
"우여! 우여!" 외치면서 새 쫓는 시늉을 한다.
때로는 논에 나가 장대로 논둑을 두드리며,
"우여! 우여!" 하고 외친다.
이렇게 하면 논밭에 새가 오지 않아 곡식을 그대로 보존할 수 있다는 데서 유래한 것이다.

祈 豊

상원 아침에 헌 수수비를 가져다 밭에 거꾸로 꽂아

놓은 후 절공이대나 도굿대(떡매)를 가지고 가서 밭 네 귀를 찧고 다닌다. 이것은 밭에 있는 병충을 없애고, 여름에 비가 와도 논밭 두렁이 무너지지 않도록 예방하는 것이다.

또 이때에 오줌 동이를 지고 가서 밭에 뿌리면서, "두더지 잡자, 굼벵이 잡자."라고 외친다.

또 밥을 가져다 밭 네 귀에 놓아 두면 병충이 없어지고, 농작물도 잘 자란다고 전한다.

상원날에 차례를 지낸 다음 콩·팥·조·수수·녹두·목화씨 등 밭곡식을 가지고 가서 밭귀에 묻으면, 묻은 곡식이 잘 자라서 풍년이 든다고 한다.

더위 팔기

상원날 아침이면 일찍 일어나 더위를 판다. 될 수 있으면 해가 뜨기 전에 일어나서 이웃 친구를 찾아가 이름을 부른다. 이름을 불린 친구가,

"왜 그러느냐."라고 대답하면,

"내 더위 사가라." 또는

"네 더위 내 더위 먼디 더위." 하고 말하면 더위를 판 것이 되고, 판 사람은 1년 동안 더위를 먹지 않지만, 멋 모르고 대답을 했다가 산 사람은 그 사람의 더위까지 두 사람 몫의 더위를 먹게 된다는 것이다. 따라서

대보름날 아침에는 친구가 이름을 불러도 냉큼 대답을 하지 않으며 때로는 미리, "내 더위 사가라." 하고 응수한다.

그러면 더위를 팔려고 했던 사람이 오히려 더위를 먹게 된다고 한다.

더위는 한 번 팔면 되는 것이지만, 익살맞은 장난꾸러기들은 여러 사람들에게 더위를 팔수록 좋다고 해서 이집저집 찾아다니며 아이들을 곯려 주는 경우도 있다.

대보름날과 여름철의 더위와는 밀접한 관계가 있으니 사람뿐 아니라 심지어 가축들도 더위를 막는다고 해서 예방으로 소나 돼지의 목에 왼새끼를 걸어 주거나 혹은 동쪽으로 뻗은 복숭아나무의 가지를 꺾어 둥글게 해서 목에 걸어 준다. 왼새끼를 목에 걸어 주는 것은 左索으로 鬼衆을 묶었다는 고대 중국의 고사에서 유래한 것이며, 동쪽으로 뻗은 복숭아나무의 가지는 악귀를 쫓는 민족적 주술로 쓰이는 일이 많아 더위를 막는 효과가 있다고 믿는 데서 유래했을 것이다. 옛날에는 입춘일 아침에 더위 팔기를 했다는 기록도 있으나 지금은 일반적으로 상원에 한다.

개 보름 보내기

개는 아침 저녁에만 먹이를 주고, 낮에는 주지 않는

다. 그러나 대보름날에는 온종일 먹이를 주지 않고 굶긴다. 대보름날 개에게 밥을 주면 개가 마를 뿐 아니라 파리가 꼬여 더러워진다고 믿기 때문이다. 속담에 사람이 밥을 굶을 때에 '개 보름 쇠듯 한다'는 말은 바로 여기서 나온 말이다. 속담에 '개 팔자'라는 말은 먹고 편안히 노는 사람의 팔자를 가리키나, 개도 상원날엔 굶어야 했다.

嫁 樹

설날이나 15일에 과수를 가진 집에서는 나무의 두 가지 사이에 돌을 끼워 둔다. 이렇게 하면 그 해는 과실 풍년이 든다고 하는데, 이것을 '나무 시집 보내기'라고 한다. 그래서 농가에서는 대추나무·감나무·밤나무·배나무 가지 사이에 돌을 끼워 둔다. 사람도 혼인을 해야 자식을 낳는 것처럼, 나무도 시집을 보내야 많은 결실이 있을 것으로 믿었던 것이다.

까마귀밥

상원은 한 해의 첫 만월이다. 이 날은 맛있는 음식을 여러 가지 장만해서 여러 번 먹어야 좋다고 하며, 까마귀나 까치에게도 밥을 준다.

보름날 차례를 지내고 조반을 먹은 다음 찰밥과 나물을 그릇에 담아 마당이나 지붕에 놓아 둔다. 그러면 까마귀나 까치가 와서 먹게 된다.

이때에 까마귀가 어느 것을 먼저 먹는가를 살펴보아서, 그 해에 어느 것이 풍년이 들고 어느 것이 흉년이 드는가를 점친다.

팔랑개비와 짚신짝

상원에 팔랑개비를 만들어 지붕이나 낟가릿대를 꽂아 두고 그 해의 신수를 점친다. 이 팔랑개비가 돌지 않으면 만든 사람의 1년 신수가 불길하고, 잘 돌면 길하다고 전한다. 또 팔랑개비가 쉴새없이 돌면 솔개·까마귀·박쥐 같은 凶兆鳥가 날아들지 못하고 귀신도 드나들지 못한다고 한다.

또 밤에 변소 출입문 위에 짚신짝을 새끼로 묶어 달아 두기도 하는데, 이것은 도둑을 막는 예방이라고 한다.

등거리 입기

상원날에 저고리의 일종인 등거리를 해서 입으면 1년 동안 신수가 좋다고 한다.

또 종이로 등거리를 만들어 저고리 속에 입었다가 보

름날 저녁에 남 몰래 불에 태우면 액을 면한다고 한다. 그래서 어른들은 아이들에게 입혔던 등거리를 벗겨, 남 몰래 달집 속에 감추어 두었다가 달집 태울 때에 함께 타도록 한다. 이렇게 하면 여름에 더위를 먹지 않고 무병하다고 한다.

소 밥주기

상원날 아침 일찍 소에게 밥과 나물을 차려 주는 풍속이다. 즉 찬밥과 나물을 상이나 키에 담아서 준다. 소는 농작에 큰 힘이 되고, 값이 비싸 큰 재산이기 때문에 농가에서는 소중히 다룬다. 따라서 소를 위하고 위로하는 뜻에서 나온 것이다.

이때에 소가 무엇을 먼저 먹느냐에 따라 年事를 점친다. 즉 소가 밥을 먼저 먹으면 농사가 풍년이 들고 나물을 먼저 먹으면 목화가 풍작이라고 믿고 있다.

나무 아홉 짐

상원날에 나무를 아홉 짐 하면 큰 부자가 된다고 한다.
상원은 명절이라 누구든지 즐겁게 논다. 밥도 여러 번 먹고 乞粒패와 함께 농악을 치고 酒食으로 포식을 하게 된다. 그러나 그런 중에서도 나무를 아홉 짐이나 할 수 있을 정도로 부지런하면 부자가 된다는 데서 전해오는 것이다.

떡 占

제주도에서는 상원날 마을의 여러 사람들이 모여 떡을 하는데, 그 떡의 됨됨이를 보아 신수를 점치는 방법이 있다.

한 마을의 여러 사람들이 각각 쌀을 가지고 오면 모두 합하여 가루를 만든다. 제각기 자기 몫을 얻어, 떡가루 밑에 자기의 성명을 적은 종이를 깔고 한 시루에 찐다. 전체가 잘 되는 수도 있으나 누구의 몫은 잘 익고, 누구의 몫은 설고 하는 결과가 나타나는 수도 있다. 이때에 자기의 떡이 설면 불길하고, 잘 익으면 길하다는 것이다.

떡이 설어서 불길한 사람은 떡을 먹지 않고 삼거리나 오거리 복판에다 버린다. 그러면 액운을 면할 수가 있다고 전한다.

뫼 占

상원날에 제주도에서는 밥을 지어 그 상태를 보아 일년의 일을 점치는데, 이를 뫼점이라고 한다.

쌀을 씻어 사발에 담고 이것을 다시 솥 안에 넣은 다음 불을 지펴 밥이 되도록 한다. 밥이 다 된 후, 사발 안의 밥 모양이 마치 뫼처럼 가운데가 솟아 있으면 길하고, 움푹 패어 있으면 흉하다고 한다. 사발 안의 쌀이 넘치거나 흘러 있어도 불길하다고 한다.

農 占

대보름날은 그 해 처음으로 달이 밝고 큰 날이므로 이 날을 기해서 年事를 점치는 여러 가지 방법이 있다. 대보름날 저녁 달의 크기와 빛깔로 점을 친다. 인위적으로는 12개월의 兩旱을 점치기도 하고 놀이의 승부로 하기도 한다. 그 밖에 여러 가지 방법이 있다.

대보름날 밤에 사발에 재를 담고 그 위에 여러 가지 곡식을 올려놓은 후, 지붕 위에 두었다가 이튿날 아침에 곡식이 바람에 굴렀나 그대로 있나를 보아 年事를 점치는데 이것을 '사발점'이라고 한다. 또 이 날 새벽에 닭이 많이 울면 풍년이 들 전조라고도 한다. 이 밖에도 농사의 풍년을 점치는 방법이 여러 가지 있다.

또 月中占으로 시절을 점치는 豊占이 있다. 즉 正・七月, 二・八月, 三・九月, 四・十月, 五・冬至, 六・섣달이라고 해서 정월로 칠월을 점치고 이월로 팔월을 점친다는 것이다.

16 일

정월 16일을 귀신날이라고 한다. 이 날에 외출을 하면 귀신이 붙는다고 해서 삼갔다.

또 귀신날에는 귀신이 동하기 때문에 출입을 신중히 하고 일도 하지 않고 쉰다. 남자가 일을 하면 연중 우환이 있고, 여자가 일을 하면 과부가 된다고 한다. 이 세상에서 과부가 되지 않으면, 저승에 가서라도 과부를 못 면한다고 한다.

16일에 일을 하면 가을에 까치가 목화를 모두 쪼아 버린다고 해서 까치날이라 부르기도 한다.

2월

1일

中和節

 2월 1일을 中和節이라 부른다. 나라에서는 중화절을 기념하여 자(尺)를 만들어 재상과 시종에게 나누어 주었는데, 이 자를 中和尺이라 불렀다. 중화척은 班竹이나 나무로 만들었으며, 중화척을 하사하는 것은 농업을 권장하는 뜻에서였다고 한다.

머슴날(奴婢日)

 농가에서는 2월 1일을 머슴날이라고 한다. 가을 추수가 끝난 후 오랫동안 쉬던 머슴들이 이제 2월이 되면 농사 준비를 해야 하므로 그들을 위로한다. 그들에게 하루를 즐겁게 쉬게 하며, 주인은 술과 음식을 한턱 내고, 머슴들은 농악을 울리며 노래와 춤으로 하루를 즐긴다. 그 해에 20세가 된 머슴은 이 날 성인 머슴에게 술을 한턱 낸다. 20세 전에는 아이로 취급하여 성인과

동등한 대우를 받지 못하지만, 20세가 되어 성인에게 한턱을 낸 다음부터는 어른 취급을 받아 그들과 품앗이를 할 수 있게 된다. 지방에 따라서는 나이가 많아도 2월 1일 머슴날에 한턱 내지 않으면 성인 취급을 받지 못하는 곳도 있다. 한턱을 내는 것은 성인이 되었다는 신고와 마찬가지다.

콩 볶 기

각 가정에서는 2월 1일에 콩을 볶는다. 솥에 불을 지피고 콩을 넣은 후 주걱으로 타지 않게 젓는다. 볶은 콩은 식구들이 나누어 먹고, 아이들은 좋아라고 주머니에 가득 넣고 다니며 먹는다.

콩을 볶을 때에 주걱으로 저으며, "새알 볶아라, 쥐알 볶아라, 콩 볶아라."라고 주언을 한다.

그러면 새와 쥐가 없어져서 곡식을 축내는 일이 없다고 한다.

2월 1일에 콩 볶는 것으로 가을 수확을 미리 예상하기도 하는데, 그 방법은 콩과 약간의 보리를 섞어 한 되를 솥에 볶는다. 다 볶은 다음 담아 보아 한 되가 더 되면 풍년이 들어 추수가 많으며, 한 되가 못 되면 흉년이 든다고 전한다.

또 이 날 콩을 볶아 먹으면 집안에 노래기가 없어지

고 청결해서 좋다고 한다.

제주도와 호남지방에서는 산에 가서 칡을 캐어 먹으면 약이 된다고 해서 칡뿌리를 캐어 먹는 풍속도 있다.

대 청 소

2월 1일 농가에서는 대청소를 한다. 집 안팎을 깨끗이 쓸고 닦으며, 거미줄을 털고, 외양간 같은 가축 우리도 거름을 치워 둔다. 2월 초면 노래기가 나오기 시작하는데 초목의 썩은 부분에서 더욱 심하게 나오고 방에까지 기어들어오므로, 이것을 막기 위한 부적을 만들어 붙인다. 백지에 '香娘閣氏 千里速去' 또는 '노낙각시 천리속거'라고 써서 기둥이나 벽·서까래에 거꾸로 붙인다. 노래기에게 빨리 천리만큼 먼 곳으로 가라고 명령하는 것이니, 이 주문 부적을 붙이면 노래기가 없어지는 것으로 믿고 있다.

이 부적은 朱書가 원칙이지만 묵서도 한다.

또 노래기를 막기 위해 솔가지를 꺾어다 지붕 위에 꽂기도 한다.

풍신제(風神祭)

天界에 사는 '靈登 할머니'(燃燈婆)가 2월 1일 지상에 내려왔다가 20일에 올라간다고 한다. 이 영등 할머니는 주로 영남 지방에 전파되어 있다.

2월 1일 아침 일찍 새 바가지에 물을 담아 장독대·광·부엌 등에 올려놓고 기원을 한다. 이때 여러 가지 음식도 마련하여 그 해에 풍년이 들 것과 가내의 태평을 빌고 식구 수대로 燒紙를 올린다.

영등 할머니가 인간 세상에 내려올 때에는 며느리나 딸을 함께 데리고 오는데, 딸을 데리고 오면 일기가 평탄하지만 며느리를 데리고 올 때에는 비바람이 몰아쳐 농가에서는 피해를 입는다고 한다. 인간 관계에 있어 친정어머니와 딸은 의합하지만 며느리와 시어머니 사이는 불화와 갈등이 있는 것이니, 그에 비유해서 일기의 변화가 생기는 것으로 여겼다. 일기가 불순하면 농작물이 피해를 입고, 일기가 순조로우면 풍작을 바랄 수 있으니, 영등 할머니는 바람과 농작의 풍흉과 관계되는 신이다. 또한 영등 할머니가 지상에 머물러 있는 동안은 거센 바람이 일어 난파선이 많이 생긴다고 한다.

그래서 어부들은 출어를 삼가며 일을 쉰다. 이와 같이 영등 할머니는 風神이어서 바람을 몰고 오기 때문에 농촌이나 어촌에서는 풍재를 면하기 위해 영등 할머니와 그 며느리에게 고사를 지내는데, '바람 올린다'라고 해서 風神祭라고 한다. 동해안과 영남 지방에는 영등 할머니에 관한 많은 설화가 전해지고 있다.

2월 초하루에 햇빛이 내리쬐면 '불영등이 드린다'고 하고, 비가 오면 '비영등 드린다'고 하며, 바람이 불면 '바람영등 드린다'고 한다. 따라서 밥을 지어 찬과 함께 부엌에 차려 놓고 오색 헝겊을 나무에 걸어 두기도 한다.(全州)

영등 할머니는 초하룻날 하늘에서 내려왔다가 20일에는 다시 하늘로 올라간다고 믿고 있기 때문에 그 사이에 각 가정에서 모시게 되는 것이다. 그러나 승천하는 날에 대해서는 지방에 따라 다르다.

영등 할머니가 내려와 있다는 2월에는 禁俗이 있다. 영등 할머니를 맞이하기 위해 황토를 파서 문 앞에 뿌려 신성하게 하며, 대나무에 오색 헝겊을 달아 사립문에 매달고, 부정한 사람의 출입을 금하며, 창도 바르지 않고, 고운 옷을 입는 것도 삼간다.

연등제(燃燈祭)

제주도에서는 2월 1일부터 15일까지 연등제를 지낸다. 12개의 막대기를 세우고 연등신을 맞아 제사를 지내는데 신을 즐겁게 하기 위해서 막대기 위에 비단으로 馬領을 꾸며 놓고 躍馬戲를 했다. 제사를 지낼 때에는 막대기 위에 등을 켜서 매달았는데 연등제란 말은 여기에서 나온 것이다.

연등제를 지내는 동안 어부나 해녀들이 바다에 나가면 거센 바람을 만나 화를 입는다고 해서 통 바다에 나가지 않으며, 또 가정에서는 빨래도 하지 않는다. 만일 빨래를 하면 구더기가 생긴다고 한다.

제주도 巫歌에 의하면 영등 하루방은 1월 말일에 서쪽 소섬(牛島)으로 들어와서 하루를 묵고, 2월 1일에는 한림읍 한수리에서 제를 받고, 그 후 3일간 섬을 한 바퀴 돈 다음 卯日이나 丑日에 돌아간다고 한다.

제주도의 연등신과 영동 지방의 영등 할머니와는 제사의 시기가 같고 바람신이라는 점이 같은 것으로 보아 同一神인 듯하다.

삼 점(麻占)

2월 초하룻날에 키가 작은 사람이 집안에 들어오면 그 해의 삼이 자라지 않아 농사를 망친다고 한다. 그래서 키 작은 사람은 남의 집 방문을 삼가야 하며, 설혹 방문을 한다 해도 아무도 반가워하지 않는다.

2월의 雜事

좀생이 점

2월 6일 저녁에 좀생이 별을 보고 1년 일을 점친다. 좀생이 별은 昴星으로서 여러 개의 작은 별이 모여서 星群을 이루고 있으며, 좀생이로 점치는 것을 '좀생이 본다'고 한다.

달과 좀생이가 나란히 가거나 또는 조금 앞서 있으면 길조이고, 그와 반대로 뒤에 멀리 떨어져 있으면 흉년이 들 징조라고 한다.

좀생이 보는 것은 농점의 일종이다.

경 칩 일

천세력에 정해져 있는 경칩 무렵에는 날씨가 따뜻해서 초목의 싹이 돋아나며, 동면하던 짐승들도 땅속에서 나온다. 이 날 농촌에서는 논이나 물이 고인 곳을 찾아가서 개구리 알을 건져다 먹는다. 개구리의 精虫은 몸에 보가 된다고 하기 때문이다.

또 경칩일에 흙일을 하면 탈이 없다고 해서 벽을 바

르거나 담을 쌓기도 한다. 일설에는 경칩일에 벽을 바르면 빈대가 없어진다고 해서 일부러 흙벽을 바르기도 한다. 빈대가 심한 집에서는 물에 재를 타서 그릇에 담아 네 귀퉁이에 놓아 두기도 하는데, 이렇게 하면 빈대가 없어진다고 전한다.

경칩일에 보리싹의 성장을 보아 일년의 풍흉을 예측하며 단풍나무를 베어, 나무에서 나는 물을 마시면 위병이나 성병에 효과가 있다고 해서 약으로 먹는다.

상정일(春季釋奠)

2월 들어 첫 丁日에는 각 향교에서 공자에게 제사를 지내는데 이것이 곧 춘계석전이다. 향교란 일명 문묘라고도 하며, 춘계석전은 곧 崇儒思想의 발현으로 유생들에 의해서 祭亨이 진행되는 전형적인 유교 행사이다. 전통적인 祭儀에 의해서 진행되며, 중앙의 성균관에서의 석전은 규모가 크고 가장 대표적인 것이다.

20 일

2월 20일의 일기에 따라 1년 年事를 미리 점친다. 즉 20일에 비가 내리면 그 해는 대풍이 들고, 날씨가 흐리면 평년작이고, 날씨가 맑으면 흉작이 든다고 한다.

初 耕

2월이 되면 농가에서는 농경 준비에 바쁘다. 농민은 농사가 잘 되어야 한 해를 근심 걱정 없이 풍족하게 지낼 수 있기 때문에 농사의 시작인 초경을 엄숙하게 행하고 있다.

제주도에서는 초경 때에 소를 동쪽으로 세워 놓고 멍에를 씌운다. 밭이 남북으로 길게 있으면 쟁기질도 보통 남북으로 하지만, 이때는 먼저 동서로 몇 골 간 다음 남북으로 간다.

초경을 이렇게 하는 것은 풍작을 비는 마음에서 이루어진 풍속이다. 그래야만 밭곡식이 잘 자라서 풍년이 든다고 믿기 때문이다.

淸明日

청명일은 한식 하루 전날이거나 때로는 한식과 같은 날이 된다. 대부분의 농가에서는 청명일을 기해 봄일을 시작하므로 이 날에다 특별한 의미를 부여했다. 대궐에서는 버드나무와 느릅나무에 불을 붙여 각 司에 나눠 주었는데 불을 소중히 여기는 데서 유래했다.

寒食日

동지 후 1백 5일째 되는 날이 한식일이며, 3월이 되기도 하나 대개는 2월에 든다.

이 날은 조상의 묘에 과일과 떡 등을 차려 놓고 寒食茶禮를 지내며, 조상의 무덤이 헐었으면 떼를 다시 입히는데 이것을 開沙草라고 한다. 묘 둘레에 식목을 하는 것도 이 날이다.

그러나 한식이 3월에 들면 개사초를 하지 않는다.

또한 이 날은 더운밥을 먹지 않고 찬밥을 먹는데, 이것은 중국 晉나라의 충신 介子推의 혼령을 위로하기 위해서라고 전한다.

개자추가 간신에게 몰려 緜山에 숨어 있었는데, 晉文公이 개자추의 충성심을 알고 찾았으나 나오지 않으므로 이 날 나오게 하기 위하여 면산에 불을 놓았다. 그러나 개자추는 나오지 않고 불에 타죽고 말았으며, 사람들이 그의 충성됨에 감동하여 찬밥을 먹는 풍속이 생겼다고 한다. 따라서 찬밥을 먹는 풍속은 중국에서 전해온 遺俗이다.

한식날 농가에서는 나무를 심거나 채소씨를 뿌려 새해 농경의 준비를 하기 시작한다. 또한 이 날 天動이 치면 흉년이 들 뿐 아니라 나라에도 불행한 일이 있다고 해서 매우 꺼려한다. 한식 무렵엔 봄갈이가 시작되고, 풀도 새싹을 보이기 시작하여 희망에 부푸는 때이기도 하다.

제주도에서는 어민들이 풍어를 비는 풍습도 있다.

꽃 샘(花妬娟)

2월 중에는 바람이 많이 분다. 김칫독이 깨진다는 속담이 있을 정도로 찬 바람이 분다. 그러나 2월 바람은 동짓달 바람처럼 매섭고 차지는 않다. 새움이 트고 싹이 나며 꽃봉오리가 지므로 풍신이 샘이 나서 꽃을 피우지 못하게 바람을 불게 한다고 한다. 그래서 '꽃샘'이라고 부르며, 이때에는 고기잡이를 나가지 않고, 먼 길의 배도 타지 않는다.

3 월

삼 짇 날

3월 3일을 '삼짇날'이라고 한다. 강남에 갔던 제비도 이 날이 되면 옛집을 찾아온다고 하며, 제비는 좋은 집을 찾아가 추녀 밑에 집을 짓고 새끼를 깐다.

이 무렵이면 날씨도 온화하고, 산과 들에는 꽃들이 피기 시작한다.

산에 만발한 진달래꽃을 뜯어다가 쌀가루에 반죽하여 참기름을 발라 지져먹는 꽃전(花煎)은 봄의 미각을 한층 돋아 주며, 時食으로 풍류 있는 별미에 속한다. 또 녹두가루를 반죽하여 익힌 다음, 가늘게 썰어 꿀을 타고 잣을 넣어서 먹는 花麵도 별미 중의 별미이다. 또 진달래꽃을 따다가 녹두가루와 함께 반죽해서 만들기도 하고, 혹은 붉게 물들여 꿀을 섞어 만드는 水麵도 빼놓을 수 없는 별미이다.

삼짇 무렵이면 봄기운이 왕성하고 흥이 저절로 나, 사람들은 산과 들로 몰려나가 화전과 수면을 만들어 먹으며 봄을 즐긴다.

삼짇날에는 갖가지의 나비들이 선을 보이며 꽃을 찾

아 날아들기도 한다. 사람들은 나비를 보고 점을 치기도 하는데, 노랑나비와 호랑나비를 먼저 보면 소원이 이루어질 길조이나, 흰나비를 먼저 보면 부모의 상을 당하게 될 흉조라고 한다.

삼짇날 머리를 감으면 머리카락이 물 흐르듯이 소담하고 아름답다고 해서 부녀자들은 머리를 감기도 한다.

穀 雨

곡우는 24절후의 하나이며 3월에 들어 있다. 곡우 때가 되면 못자리를 마련하며, 이때부터 본격적인 농경이 시작되는 것이다.

이때가 되면 흑산도 근처에서 겨울을 보낸 조기가 북상해서 충청남도의 격열비열도쯤 올라오므로 황해에서 조기가 많이 잡힌다. 이때에 잡는 고기를 특별히 '곡우 살이'라고 한다. 곡우 살이에 잡은 조기는 아직 살은 적지만 연하고 맛이 있기 때문에, 곡우 살이를 위해 서해는 물론 남해의 어선들까지 모여들어 바다가 흥성댄다.

곡우 무렵이 되면 농가에선 못자리를 하기 위해 볍씨를 담그고, 볍씨를 담아 두었던 가마니는 솔가지로 덮어 둔다. 밖에 나가서 상가에 들렀거나, 부정한 일을 당했거나, 부정한 것을 본 사람은 집 앞에 와서 불을 놓아 악귀를 몰아낸 다음에 집안에 들어오고, 들어와서도 볍씨를 보지 않는다. 만일 부정한 사람이 볍씨를 보게 되면 싹이 잘 트지 않고 농사를 망치게 된다고 믿고 있기 때문이다.(益山·靑陽)

祈子俗

자식을 두지 못한 부녀자가 자식을 얻기 위하여 기도하는 민속은 예전부터 있었다. 특히 조선 시대에 들어와서 無子는 七去之惡의 하나라 하여 중죄시하게 되고 남존여비의 사상이 확고해짐에 따라 아들을 원하는 간절한 소망은 祈子俗으로 발전하였다. 아들을 비는 대상은 山神·岩石·서낭·龍王·産神·부처·보살 등으로 각 도처에서 행해졌다. 그 시기도 따로 있는 것이 아니라 수시로 행했으나, 충청북도 진천 지방에서는 삼짇날부터 8일 사이에 부녀자들이 무당을 불러 굿을 하고 빌었다. 그렇게 하면 아들을 잉태할 수 있다고 믿었기 때문이다.

우리 민족이 아들을 비는 민속은 단군신화에서부터 찾아볼 수 있다. 웅녀가 사람으로 변신한 다음 자식 갖기를 원하여 壇樹 밑에서 빌었다고 전해 온다. 이렇게 고대에서부터 자연 수목에 아들을 빌었고, 지금도 그 습속이 남아 있어 큰 나무에 아들 낳기를 빌고 있다.

요즈음도 産俗의 하나로 고목이나 기암을 찾아가서 자식 잉태하기를 비는 풍습을 볼 수 있으며, 특히 2월

초순에 아들을 비는 예가 많다.

꿩 알(雉卵)

3월이면 꿩은 이른 새끼를 까기 위해 알을 낳는다. 오뉴월에 까는 것은 늦새끼라고 한다.

속담에 '꿩 먹고 알 먹고'라는 말이 있는 것처럼 꿩알을 주우면 길하다고 해서 봄에 산이나 보리밭에 꿩알을 주우러 간다. 꿩은 영리한 짐승이라 사람들은 '하늘 닭'이라 하여 天神의 사자로 여기기도 했다. 따라서 꿩을 길조로 여기고 농기의 꼭대기에 꿩깃을 꽂는 것이다. 고구려 때에는 명예롭고 장한 일을 한 사람을 표시하는 데 사용되기도 했음을 벽화에서 볼 수 있다.

원래 설날의 떡국에는 반드시 꿩고기를 넣었는데, 이는 꿩고기가 맛이 좋기 때문이기도 하지만, 꿩을 瑞鳥로 생각한 때문이기도 하다.

花柳놀이

춘삼월 호시절이란 말은 옛노래에 많이 나온다. 3월을 맞아 일기가 청명한 날을 택해서 유생과 농부와 부녀자들은 각각 모여, 들과 산으로 경치가 좋은 곳을 찾아 놀이를 갔는데, 이를 화류놀이라고 한다. 초목은 새

싹이 돋아나고, 일기는 온화하며, 화조도 기뻐서 날아다니는 봄을 즐기기 위하여 떼를 지어 교외로 나가는 것이다.

화류놀이를 갈 때는 미리 통문을 돌려 장소와 날짜를 정하고, 각자의 기호에 따라 주식을 장만하여 하루를 즐긴다. 문장에 능통한 사람들은 즉흥시나 시조를 지어 읊고, 부녀자들은 안방가사를 읊으며, 농부와 아이들은 민요를 불러 흥을 낸다.

이때엔 진달래꽃이 한창이므로 이것을 많이 꺾어 머리에 꽂아 멋을 부리기도 하고, 꽃 방망이를 만들기도 한다.

산에서 돌아오는 나무꾼의 지게 위나 소 바리 위에 진달래꽃이 꽂혀 있는 것도 이 무렵이다. 화류놀이 때는 다음과 같은 노래를 부른다.

제화제화 제화하
얼씨고 절씨고 좋을시고
춘삼월 화전놀이를 간다
춘향의 방문 앞
이도령 걸음으로
아그작 아그작 걸어서
거들거리고 나간다

세모시 마당 앞에
금자라 걸음으로
아그작 아그작 걸어서
거들거리고 나간다.
둥그다당실 둥그다당실

에라 두덩실
연자버리고
마—거리고
거들거리고 나간다.

풀놀이(草戲)

 봄이 되면 들에는 여러 가지 풀들이 돋아나고 나뭇가지에는 물이 오른다. 시골의 소년 소녀들은 이러한 풀과 나뭇가지로 여러 가지 장난감을 만들어 가지고 논다.
 소녀들은 울타리 밑에 돋은 각시풀로 풀각시를 만들어 인형놀이를 하고, 소년들은 들과 냇가로 몰려다니며 물이 잘 오른 버드나무 가지를 꺾어서 손으로 껍질을 비튼 후 속을 빼버리고 호드기를 만들어 분다. 호드기는 그 굵기와 길이에 따라 여러 가지 소리가 나서 시골 소년들의 흥취를 돋운다. 아지랑이가 피어오르는 들과 냇가에 가냘프게 울려 퍼지는 호드기 소리는 그대로 우리의 농촌 풍경을 실감나게 하는 정경이다.

또한 시골 아이들은 질경이풀의 속이나 진달래꽃 수술을 서로 얽어 당겨서 누구의 것이 더 센가를 가려 승부를 겨루기도 하고, 여러 가지 풀꽃과 풀잎으로 떡과 찬을 만들어 소꿉장난을 하면서 따스한 봄날 하루를 보내기도 한다.

풀 각 시

3월이 되면 양지쪽 울 밑에는 각시풀이 파릇파릇 자라서 한 뼘 가량 된다.

소녀들은 젓가락 길이만한 나뭇가지에 각시풀을 뜯어다 실로 매고 뒤로 젖혀서 두 갈래나 세 갈래로 땋아 풀각시를 만든다. 각시풀을 땋은 것도 마치 소녀의 소담한 머리채 같으며, 여기에 고운 천으로 저고리와 치마를 만들어 입혀서 인형을 만든다.

화창한 봄날에 뜰이나 양지 바른 울타리 밑에 소녀들끼리 다정히 모여 앉아 서로의 솜씨를 겨루는 이 풀각시 놀이는 어린 소녀들의 꿈을 길러 주는 매우 정서적인 놀이의 하나라 하겠다.

弓 術 會

3월 중에는 여러 射亭에서 궁술 대회를 갖는다. 활

쏘기는 대체로 장년 이상의 사람들이 하는 일종의 스포츠로서, 겨울 동안 활달한 놀이를 하지 못하고 방 안에 갇혀 있던 청장년들이 봄이 되면 사정에 나와 심신을 단련하는 것이다. 청명한 날을 택하여 궁사들이 모여 대회를 열 때는 구경꾼이 많이 모여든다. 궁사가 쏜 화살이 과녁에 맞으면 뒤에 대기하고 있던 기생들은 지화자 노래를 부르며 흥을 돋아 준다.

궁술은 고대에 소홀히 할 수 없는 무술의 하나인 동시에 기품이 있는 스포츠였다.

양 잠

누에는 봄과 가을에 두 번 치는데, 봄 누에는 대개 3월에 친다. 3월이면 새 뽕잎이 피기 때문이다. 양잠은 예로부터 국가에서도 권장하던 농가의 부업으로서, 누에를 쳐서 명주를 짜고 그것을 곱게 다듬이질하여 옷을 만드는 일은 농촌 부녀자들의 즐거움이며 일 년 중 큰일의 하나였다.

특히 오늘날처럼 방직 공업이 발달하지 못했던 옛날에는 명주야말로 최고급의 옷감이었기 때문에 부녀자들이 온갖 정성을 다 기울여 짜낸 명주로 어른들의 옷을 만들거나 자녀들의 혼수감으로 장롱 깊숙이 간직해 두었다.

옛날엔 국가에서도 양잠을 장려하기 위해 왕후가 손수 命婦를 거느리고, 桑壇에 예를 갖추어 누에를 치는 親蠶制가 있었다.

餞 春

3월은 季春이니 30일인 말일은 봄의 마지막 날이 된다. 그래서 봄을 마지막 보내는 서운함에 봄 잔치를 한다. 문장을 하는 사람이나 묵객들은 酒食을 마련하여 경치 좋은 산골짜기나 강변을 찾아가서 하루를 보낸다. 이때에 자기의 능력에 따라 글을 짓기도 하고, 시조를 읊거나, 그림을 그리는 등 선비다운 놀이로 하루를 즐긴다. 해마다 봄은 다시 오는 것이지만 그래도 가는 봄이 서운해서 감상과 춘흥으로 봄 잔치를 한다.

3월의 時食

양춘인 3월에는 신선하고 산뜻한 갖가지 나물들이 나와 사람들의 미각을 자극하기 때문에 예로부터 여러 가지 음식물을 만들어 먹었다.

우선 봄에 마시는 술만 해도 그 종류가 헤아릴 수 없을 만큼 많았다. 지금까지 그 이름이 전해지는 것만 해도, 杜鵑酒・桃花酒・過小麵酒・梨薑酒・竹瀝酒・瑞香

酒・四馬酒 등등이 있다. 이러한 술들은 각 가정에서 직접 기호와 풍류에 따라 빚었던 것으로서, 독특한 향기를 풍기게 하기 위해서 향료를 넣거나, 보신을 위해 약재를 넣어 빚었다. 그리고 술은 오래 묵힐수록 그 맛이 좋다 하여, 百日酒 같은 것은 술독을 대문간에 백일 동안 묻어 두었다가 백일 되는 날에 파내어 마셨다고 한다. 대문은 여러 사람이 드나드는 곳이므로 몰래 파낼 수가 없기 때문에 오랫동안 묵힐 술을 묻어 두기에는 안성맞춤의 장소였으리라.

각 가정의 주부들이 정성껏 빚은 이러한 술들은 봄의 흥취를 한결 높여 주었을 뿐만 아니라, 그 가정의 가풍과 주인의 풍류를 그대로 나타내는 것이기도 했다.

봄의 時食으로서 빼놓을 수 없는 것으로 갖가지 떡이 있다. 특히 산떡(散餠)은 봄의 떡 중에서도 대표적인 것이었다.

산떡은 찹쌀 가루로 흰떡을 만든 후 작게 썬 다음, 5색의 물감을 들여 다섯 개씩 포개서 구슬처럼 꿴 것으로, 소를 넣어 맛을 내기도 했다. 지방에 따라서는 송편처럼 반달형으로 만들어 靑・白의 두 가지 물감을 들인 다음, 대꼬치에 꿰어 먹기도 했다. 환떡은 찹쌀로 둥글게 만든 것인데 속에다 쑥이나 송피를 쪄 넣기도 했다.

3월의 시식으로서 艾湯과 蕩平菜도 빼놓을 수 없는 별미다. 봄이면 어디서나 돋아나는 연한 쑥을 뜯어다

된장을 풀어 끓인 艾湯은, 탑탑하면서 씁쓸한 맛이 별미 중의 별미이다.

또 녹두로 청포를 만들어 미나리와 김에 무쳐 돼지고기와 함께 먹는 탕평채도 그 맛이 일미이다.

봄철이면 한강에서 잉어가 많이 잡힌다. 그래서 옛날엔 쏘가리와 함께 이 잉어를 진상하였다.

봄에 먹는 생선회는 그 맛이 뛰어나, 봄이면 모두들 강이나 개울을 찾아가 고기를 잡아서 초고추장에 찍어 먹으며 하루를 즐긴다.

4 월

초 8 일

4월 8일은 석가모니의 탄생일이라고 전해지며, 浴佛日이라 부르기도 하고, 민간에서는 흔히 初八日이라고 한다. 초파일에는 절을 찾아가 재를 올리고, 연등하는 풍속이 있다. 초파일을 수일 앞두고 가정이나 절에서는 여러 가지 등을 만든다. 또 상점에서는 팔기 위해 등을 만들어 걸어 두기도 하며, 가정에서는 가족의 수대로 만든다.

초파일 며칠 전부터 뜰에 燈竿을 세워 두고, 竿上에 꿩 꼬리털을 꽂고, 물들인 비단으로 기를 만들어 다는데 이를 呼旗라고 한다. 이 호기에 줄을 매고 그 줄에 등을 달아맨다.

살림이 넉넉하지 못해 등간을 만들지 못하는 집에서는 나뭇가지나 추녀 끝에 빨랫줄처럼 줄을 매고 그 줄에 등을 달아 놓기도 한다. 이 날 밤이 되면 등에 불을 밝히는데 호화찬란한 형형색색의 등들이 바람에 따라 흔들리는 광경은 장관을 이룬다.

등은 과실 모양으로 만들기도 하고, 꽃이나 魚類, 또

는 여러 가지 동물 모양을 본따서 만들기 때문에, 그 이름만 해도 수박등·마늘등·참외등·연화등·牡丹燈·魚里魚燈·거북등·鳳燈·鷄燈·鶴燈·오리등·日月燈·仙人燈·七星燈·鼓燈·樓閣燈 등등 이루 헤아릴 수 없이 많다.

등에는 '太平萬歲' '壽福' 등의 글을 쓰기도 하고, 騎馬將軍像이나 仙人像을 그리기도 한다.

또 화약을 층층으로 새끼줄에 매달아 불을 붙이면 마치 요즘의 불꽃놀이같이 불꽃이 튀면서 퍼지는데, 이러한 놀이로 흥을 돋우기도 하고, 때로는 허수아비를 만들어 줄에 매달아 바람에 흔들리게 하여 놀기도 했다.

이러한 풍속은 신라의 八關會에서 시작되었으며, 고려 초에는 정월 보름과 2월 15일에 행하다가 지금은 4월 초파일로 고정되었다. 연등 행사는 불교의 습속이므로 원래는 불교 신도들에 의해서 행해지던 것이나, 지금은 일반화돼서 민간에서도 성행되는 것은, 그만큼 불교의 전파를 뜻하며 신도가 아니라도 연등을 구경하는 사람으로 성황을 이룬다. 요즘도 초파일에는 불도들의 대대적인 연등 행사가 도시의 거리를 누비고 있다.

탑 돌 이

4월 초파일인 佛誕日과 중추가절인 한가윗날에는 탑

돌이가 있었다.

불탑의 건립은 석가모니가 入寂한 뒤 그 유골을 넣어 두기 위해 여덟 개의 탑을 세운 데서 비롯한 것이므로 탑은 곧 불교의 상징인 셈이다.

佛寺에서 大齋가 있으면 신도들은 공양을 올린다. 이 때에 염불·梵音·梵唄가 따르며, 재가 끝나면 신도는 승려와 함께 불탑을 돌면서 부처님의 공덕을 빌고 또 저마다의 기원을 기구하는 것이다. 일신의 왕생 극락은 물론 국태 민안을 빌어 태평 성대를 누리고자 했다.

큰 재일수록 많은 신도들이 모이며, 따라서 탑돌이도 성황을 이루게 되는 것이다. 그윽한 梵音에 맞춰 제각기 소원을 빌면서 탑을 도는 모습은 엄숙했다.

탑돌이 때 먼저 梵鐘·鼓·雲板·木魚의 四法樂器만 쓰이다가 후에 삼현육각이 합쳐지고, 報念과 百八精進歌를 부른 것을 보면, 처음에는 순수한 불교 의식이던 것이 차츰 민속화해서 민중 속에 전파되었음을 알 수 있다.

60년 전까지만 해도 속리산 법주사 팔상전에서 탑돌이가 성대하게 거행되곤 했으나, 이제는 탑돌이 민속은 차츰 사라져 가고 있는 듯하다.

鳳仙花染指

봉선화는 단조로우면서 색깔이 은은하고 수분이 많은 꽃이다. 그래서 소녀나 부녀자들은 봉선화를 따서 손톱에 물을 들였다.

자기가 원하는 색깔의 봉선화를 따서 백반을 섞어 돌로 짓찧은 다음, 물들이고 싶은 손톱에 붙여서 헝겊으로 싸고 그 위에다 실을 총총 감아 하룻밤을 둔다. 다음날 헝겊을 떼어 보면 봉선화꽃 색깔이 손톱에 그대로 물들어 아름답게 보인다.

이러한 습속은 손톱을 아름답게 하려는 여심에서 나온 것이기도 하지만, 붉은 색은 잡귀를 쫓는다 하여 辟邪의 의미도 겸하여 내포하고 있는 것이기도 하다.

4월의 時食

이 계절의 미각을 신선하게 해주는 時食으로는 花煎·魚菜·미나리강회·파강회·蒸餠 등이 있다.

화전은 찹쌀 가루에 장미꽃 잎을 섞어 반죽해서 원형이나 반원형으로 만들어 기름에 튀긴 것인데, 기름에 튀기기 때문에 油煎이라 부르기도 한다.

어채는 생선을 익히지 않고 날것으로 썰어 여기에 파·석이버섯·전복·달걀 등을 넣어 부친 지단, 국화잎 등을 가늘게 썰어 버무린 후 기름과 초를 쳐서 시원하게 먹는 것이다.

파강회(葱膾)는 파를 데쳐서 날고기를 속에 넣고 감아서 초고추장을 찍어 먹으며, 미나리강회(芹膾)는 미나리를 데쳐서 속에 날고기를 넣고 파강회처럼 만들어 먹는다. 이때 쇠고기인 경우에는 날고기를 쓰지만 돼지고기일 때에는 삶아서 사용한다. 이 시식들은 家度와 솜씨에 따라 양념을 달리하기 때문에 맛이 각각이다.

5 월

5 일

端午

5월 5일은 단오·수리(戍衣)·天中節·重午節·端陽·수릿날 등 여러 가지 이름으로 불려진다.

옛날엔 농경의 풍작을 기원하는 제삿날이었으나, 지금은 농촌의 명절로 되어 이 날이면 각 가정에서는 수리치떡 등 맛있는 음식을 마련하여 단오 차례를 지내기도 한다. 여자는 창포에 머리를 감고 그네를 뛰며, 남자는 씨름 등의 놀이로 하루를 즐긴다.

예로부터 우리 나라에서는 3월 3일, 5월 5일, 7월 7일 등 월일이 홀수이면서 같은 숫자로 되는 날을 대개 명절로 정해 즐겨 왔지만, 그 중에서도 5월 5일은 陽이 가장 강한 날이라 하여 큰 명절로 생각해 왔다. 이 날을 수리 또는 수릿날이라고 부르게 된 유래에 대해선 몇 가지 설이 있는데 문헌에 의하면, 이 날 쑥떡을 해 먹는데 쑥떡의 모양이 수레바퀴처럼 만들어졌기 때문에 수리란 이름이 붙게 된 것이라고도 하고, 수리치로 떡을 해먹었기 때문에 수리란 이름이 붙었다고 전하기도 한다. 또한 '수리'란 高·上·神 등을 의미하는 우리의 古語인데 5월 5일이 '신의 날', '최고의 날'이란 뜻에서 그런 이름이 붙게 되었다고도 한다.

창 포

단오날에는 창포를 삶은 물에 머리를 감으면 머리카락에 윤기가 흐르며, 빠지지도 않고, 소담하다고 해서 옛날엔 남녀가 모두 창포물에 머리를 감았다. 지금도 농촌에선 단오날이면 부녀자들이 창포물에 머리를 감는다. 또 창포 뿌리를 잘라 비녀를 만들어 이 날 아이들 머리에 꽂아 주기도 하는데 비녀에는 '壽福'의 두 글자를 새기기도 하고, 연지를 붉게 칠하기도 한다. 붉은 색은 陽色으로, 귀신 쫓는 기능을 가진 데서 생긴 풍속이다.

창포물을 만들 때에는 창포만을 삶기도 하나, 쑥을 넣어서 함께 삶기도 한다. 또한 辟邪로 호로박이나 작은 인형을 만들어 허리띠에 차기도 하는데 질병을 쫓는다고 한다.

단오날 아침 일찍 상추밭에 가서 상추잎에 묻은 이슬을 받아 세수를 하면 여름에 더위를 먹지 않으며 부스럼도 없다고 한다.

端午扇

 단오 무렵이 되면 더위가 시작되므로 부채를 사용하기 시작한다. 그래서 옛날엔 단오날이 되면 왕이 직접 각 재상이나 시종들에 工營에서 헌납받은 부채를 하사했는데 이를 '단오선'이라 했다.

 부채의 용도는 매우 다양해서 바람을 일으켜 더위를 쫓는 외에 햇빛을 가리기도 하고, 모기와 파리를 쫓기도 하며, 혼례식 때나 무당이 굿을 할 때, 또는 무희가 춤을 출 때에도 사용된다. 이렇게 다양한 용도 때문에 그 모양 또한 다양했는데 크게 나누면, 접는 것과 나뭇잎처럼 퍼져 있는 것의 두 가지로 볼 수 있고, 대체로 가볍고 간편하면서도 바람이 잘 나도록 만들어졌다.

 부채에는 그 모양에 따라 여러 가지 명칭이 있다. 즉, 僧頭·蛇頭·魚頭·二臺·三臺·內角·外角·素角·竹節·圓木·斑竹·有環·無環·衣邊·狹邊 등의 이름이 있다.

 부채는 원래 실용성 때문에 만들어졌으나 항상 지니고 다니게 됨에 따라 일종의 장신구적 패용물로 발전하였다. 그래서 화조나 사군자 같은 그림을 그려 넣어 멋을 내기도 하고, 종이 대신 紅絹을 바르거나 자루에 진주를 박고 무늬도 그려 넣고 옻칠을 하기도 했다. 그리고 신랑은 청색, 신부는 홍색, 喪人은 백색의 부채를 사용하고, 아이들이나 부녀자들은 곱게 채색한 것을 사용하였다.

天中 부적

단오날에는 나쁜 귀신을 쫓는다 하여 부적을 만들어 붙였으며, 이를 '천중부적'이라고 한다. 부적은 붉은 글씨로 辟邪文을 써서 문 위에 붙이는데 옛날엔 관상감에서 천중부적을 만들어 대궐 안의 門楣에 붙였다. 부적에는 5월 5일의 천중절에 복록을 얻고 귀신과 4百4病을 소멸하라는 주문을 쓰거나, 처용상이나 桃符를 그려 넣었다. 부적이나 도부를 붙이는 목적은 악귀를 물리치는 데 있었고, 양기가 가장 왕성한 단오날에 부적을 붙이는 것이 가장 효과적이라 믿었기 때문에 천중부적을 많이 붙였다.

익모초와 쑥

단오날이면 익모초와 쑥을 뜯는 풍속이 있다. 단오날 午時에 익모초와 쑥을 뜯어 말려 두었다가 약으로 쓰기 위해서이다. 쑥과 익모초는 한약방의 약초로 많이 사용하지만 특히 이 계절의 익모초와 쑥은 특효가 있다고 한다.

익모초란 이름 그대로 산모의 몸에 이롭다고 하며, 또 여름에 익모초로 즙을 내서 마시면 입맛이 나고 식욕도 돋운다고 해서 농촌에선 흔히 먹는다.

농부들이 들에서 일을 할 때에는 약쑥으로 긴 홰를 만들어 불을 붙여 두고, 하루 종일 담뱃불을 붙이는 데 이용한다. 또 농촌에서는 단오날 이른 아침에 쑥을 베어다가 다발로 묶어서 문 옆에 세워 둔다. 이렇게 하면 재액을 물리친다고 한다.

단오날 제주도에서는 쑥과 익모초 외에 우령서·녹이초·오갈피·삼지구엽초·전문동·띠뿌리·금은화 등 아홉 가지 식물을 뜯어 두는데, 이는 산모의 병에 특효가 있기 때문에 미리 준비해 두는 것이다.

대추나무 시집보내기(棗嫁樹)

단오날 농가에서는 대추나무 시집보내기를 한다. 설날에 과일나무 시집보내기를 한다는 것은 앞에서도 이야기했지만 특히 단오날 오시에 대추나무를 시집보내면 대추가 많이 열린다고 하여 둘로 뻗은 가지 사이에다 돌을 끼운다.

또 단오날에 과수의 가지를 잘라 주면 많은 수확을 거둔다고 해서 전지를 한다.

醍醐湯과 玉樞丹

 옛날 궁중의 의약을 관장하는 내의원에서는 단오날이면 제호탕과 옥추단을 지어 궁중에 바쳤다. 제호탕은 烏梅肉·砂仁·草果·白檀香을 가루로 만들어 꿀을 넣고 달인 약으로서 일종의 청량제이다. 옥추단은 임금이 단오날 신하들에게 나누어 주는 구급약의 일종으로서, 모양은 여러 가지이나 가운데 구멍을 뚫어서 오색실로 꿰어 佩用하고 다니다가 곽란이나 暑滯가 생기면 갈아서 물에 타서 먹었다. 또한 옥추단을 패용하는 데는 악귀와 재액을 물리치며 무병 장수를 기원하는 辟邪의 의미도 있었다. 이 무렵에 농가의 아동들이 오이 꼭지나 호박 꼭지를 패용하는 것도 벽사의 목적이다.

端 午 祭

 단오날에 강릉에서는 대관령 서낭신을 모셔다가 성대하게 제사를 지내는 단오제가 있었다. 이 단오제는 인근에서 수만 군중이 모여드는 거대한 향토 신제인데, 전설에 의하면 고려 태조 王建이 神劍을 토벌하다가 위기에 처했을 때 두 중이 나타나 구해 준 일이 있으며, 이때부터 대관령의 서낭에 제사를 지내는 단오제가 시작되었다 한다.

대관령 산정 舊路邊에는 산신당·서낭당·용신당·수비당·칠성당 등 제신당이 모여서 신역을 이루고 있다.

이 단오제는 4월 14일에 강릉시를 출발하여 15일에 서낭신을 시내로 봉영하고 제사가 끝나는 단오 다음날까지 임시 제당에 모셔 두게 되는데, 3월 30일 신주 빚는 것으로부터 계산하면 45일 동안의 장기간에 걸쳐 행사를 하게 되는 셈이다.

서낭신을 봉영하고 봉송할 때는 제관을 비롯해서 巫覡隊와 주민 일행 등 수백 명의 행렬이 따르게 되며 巫樂이 울리고 官奴들에 의해서 가면놀이까지 곁들여진다.

단오제는 임시의 서낭당과 그 부인에 해당하는 여서낭당에서 거행되는데, 옛날에는 지방수령이 담당했고, 요즘도 市長이 제관으로 헌주를 한다. 祭儀가 절정에 이른 5월 4일과 단오날에는 큰 巫祭와 관노의 가면놀이가 있는데, 이 관노놀이는 무언 가면극이란 점이 특이하다.

제의는 유교식 笏記에 의해 진행되고 소요 경비는 位土 수입과 유지의 기부금 그리고 乞粒에 의한 수입으로 충당되고 있다.

단오제의 목적은 대관령 산길의 안전과 풍작 그리고 풍어를 기원하는 것이며, 그 규모가 영동에서 제일가는 것이기 때문에 여기에 관련해서 갖가지 금기가 지켜지고 있다.

祭期 3일 전부터 대관령 神域에는 금줄을 쳐서 외래자와 부정한 사람의 출입이 금지되고, 제의 임원들은 모두 목욕 재계를 하고 근신하며, 시민들도 부정을 가까이 하지 않고 행동을 삼가며, 살생자와 월경 중인 여인, 상제는 참여시키지 않는다.

대개의 향토 신사는 정월에 거행되지만, 강릉에서는 단오날에 거행되는 것이 또한 특이한 점이다.

삼척에서는 단오날 烏金簪祭라고 하는 제의가 관민에 의해서 행해진다. 이 제의는 고려 태조 왕건의 유물이라고 전해지는 오금의 비녀(簪)를 함에 모시고 군민들이 除禍招福을 비는 것으로서 3일 동안 계속되며, 무당의 노래와 춤이 따른다.

제기 동안 군민은 부정을 없이 하고 금기하며, 제사를 담당하는 사람들은 목욕 재계하고 외래객을 재우지 않으며, 상가에서는 곡성도 내지 않는다. 군민들은 簪神의 덕으로 복을 받고 재액을 막고자 돈과 곡식을 내어 성의를 보인다.

그네뛰기(鞦韆戲)

단오날 여성의 놀이로는 그네뛰기가 있다. 짚으로 굵

고 단단하게 꼰 동아줄이나 밧줄을 가로로 뻗은 큰 나뭇가지나 두 개의 기둥을 세우고 그 위에 가로로 댄 나무에 양끝을 매고 그네를 뛰는데, 녹음이 짙은 5월의 거목 아래서 울긋불긋 곱게 차려 입은 소녀들이 치마폭을 바람에 날리며 하늘로 치솟는 모습은 그대로 한 폭의 그림 같다.

부녀자들의 외출이 억제되었던 옛날에도 단오날만은 부녀자들끼리 모여 그네를 뛰는 것이 허용되었으니, 그네야말로 옛날 부녀자들이 일년 내내 억눌렸던 몸과 마음을 활짝 펴볼 수 있는 유일한 놀이였던 셈이다. 그래서 춘향전을 비롯한 고대 소설이나 민담에 그네를 뛰다가 사랑을 맺게 되는 이야기가 많이 나온다.

이 그네뛰기는 남쪽보다 북쪽으로 갈수록 성행하며, 북방의 戎狄이 한식날에 그네를 뛰었다는 기록이 전하는 것으로 보아 원래는 북방족의 놀이였던 것으로 짐작된다.

지금도 단오날이 되면 전국 곳곳에서 장터나 백사장 등 넓은 광장에 그네를 가설해 놓고 그네뛰기 대회를 열고 있음을 본다.

우리의 민요에도 다음과 같은 그네 노래가 전한다.

님배—ㅅ중
곰배—ㅅ중
달래종을 꺾으랴

마늘종을 꺾으랴
님배—ㅅ중
곰배—ㅅ중
검정콩을 심으랴
강낭콩을 심으랴
님배—ㅅ중
곰배—ㅅ중
종남산이 어디냐
수양산이 어디냐
님배—ㅅ중
곰배—ㅅ중
〔쌍그네 뛰면서 부르는 노래〕

씨 름

 단오날 남자의 놀이로는 씨름이 있다. 지금까지도 장정이나 소년들이 넓은 마당이나 백사장 또는 잔디밭에 모여 서로의 힘과 슬기를 겨루는 씨름 대회가 도처에서 벌어지고 있다. 장정들이 하는 씨름은 어른 씨름, 소년들이 하는 것은 아기 씨름이라고 한다.
 씨름은 오랜 상고 시대부터 전해 내려왔으며, 중국에서도 씨름을 高麗技라고 부른 것으로 보아, 한민족의 독특한 운동이었던 것이라 믿어진다.

씨름은 서로 마주보고 허리를 굽혀서, 오른손으로는 상대방의 허리띠를 잡고, 왼손으로는 상대방의 오른쪽 다리를 잡는 자세를 취하고서 시작한다. 이때 오른쪽 넓적다리에 샅바라고 하는 띠를 걸고 하기도 한다.

서로 자세를 갖추면 심판의 신호에 따라 힘과 꾀로 상대방을 넘어뜨리려고 한다. 어느 쪽이든 먼저 땅에 쓰러지거나 손이 닿는 사람이 지게 된다.

씨름의 기술은 여러 가지가 있으나, 주로 다리를 상대방의 다리 사이에 넣어 한쪽 다리를 감아 쓰러뜨리는 방법, 다리로 상대방의 다리를 밖에서 감아 걸어 쓰러뜨리는 방법, 상대방을 들어서 쓰러뜨리는 방법, 손으로 상대방의 다리를 걸어 넘어뜨리는 방법 등이 주로 많이 쓰인다.

씨름 대회에서는 도전자들을 모두 이겨 상대자가 없게 되면 우승을 하게 되는데, 우승한 사람은 장군이라 부르며, 상으로 황소를 주는 것이 관례이다. 상품으로 줄 황소는 미리 사다가 씨름판에 매어 두며, 승리를 거둔 장군은 황소를 타거나 앞세우고 의기양양하게 씨름판을 돌며 승리감을 만끽한다. 요즘도 단오 때면 전국 여러 도시에서 씨름 대회가 개최된다.

5월의 雜事

太宗雨

　농가에서는 5월 10일이 되면 비가 내리기를 고대한다. 만약에 비가 내리면 풍년이 들 징조라고 해서 매우 기뻐한다. 이 날의 비를 특히 태종우라고 하는데, 그 까닭은 다음과 같은 이야기 때문이다.

　조선 제3대 왕, 태종은 신앙심이 두터워 신을 공경하고 백성을 지극히 염려하는 임금이었다. 왕은 재위 22년에 병에 걸리게 되었는데, 마침 대한발이 들어 백성들은 절망에 싸여 있었다. 이를 보고 태종은 '내 上帝에 청하여 비를 오게 하여 백성을 구제하리라'고 말하고 薨御했다. 태종이 몽어한 후부터 소나기가 패연히 쏟아져 가뭄을 면하고 그 해에 풍년이 들게 되었고, 백성들은 그것을 왕의 은혜로 알았다. 이런 일이 있은 후로 5월 10일에 오는 비를 태종우라 불렀고, 태종우가 내리게 되면 풍년이 든다고 기뻐하게 된 것이다.

竹述日

5월 13일을 죽술일이라 하는데, 이 날 대나무를 심으면 잘 자란다고 전하는 데서 나온 이름이다.

대나무는 전라도와 경남 지방의 더운 곳에서 많이 생산되며, 대바구니를 비롯해서 여러 가지 죽세공품의 재료로 쓰이기 때문에 귀하게 여겼다. 이 지방에서는 지금도 5월 13일에 대를 심어 대나무의 풍년을 기원한다.

6 월

15 일

流 頭

6월 15일을 유두날이라고 한다. 유두란 말은 '東流頭 沐浴'이란 말의 약어이다. 유두날에는 맑은 개울을 찾아가서 목욕을 하고 머리를 감으며 하루를 즐겁게 보낸다. 이렇게 하면 상서롭지 못한 것을 쫓고, 여름에 더위를 먹지 않는다고 한다. 유두의 풍속은 신라 때에도 있었으며, 東流에 가서 머리를 감았는데, 동방은 靑이요, 양기가 가장 왕성한 곳이라 믿었기 때문이다.

유두날 선비들이 술과 고기를 장만하여 계곡이나 水亭을 찾아가서 풍월을 읊으며 하루를 즐기는 것을 遊頭宴이라고 한다.

유두 무렵에는 새로운 과일이 나기 시작하므로 수박과 참외 등을 따고 국수와 떡을 만들어 사당에 올려 제사를 지내는데, 이를 '流頭薦新'이라고 한다. 追遠報本 思想이 강했던 옛날에는 새 과일이 나도 자기가 먼저 먹지 않고 조상에게 올린 다음에 먹었으니, 이는 조상의 은혜를 잊지 않고 지극한 효성을 드린다는 성실한 마음씨의 표현이다.

유두날의 음식으로는 유두면·수단·건단·연병 등이 있다. 유두 국수를 먹으면 장수하고, 더위를 먹지 않는다고 해서 모두 먹는다.

옛날에 유두날이면 잡귀의 출입을 막고 액을 쫓는다 하여, 밀가루를 반죽하여 구슬처럼 만들고 색으로 물들여 세 개씩 포갠 후 색실로 꿰어서 허리에 차거나 대문 위에 걸어 두는 민속도 있었다.

수단은 찹쌀 가루를 쪄서 손으로 비벼 구슬처럼 만든 후 찬물에 넣어 꿀물을 타서 먹는 것이며, 찬물에 넣지 않고 먹는 것은 건단이다. 때로는 멥쌀이나 밀가루로 만들기도 하나, 찹쌀로 만든 것이 부드럽고 연하며 매끄럽고 맛도 있다.

연병은 밀가루를 반죽해서 판 위에 놓고 방망이로 문질러 납작하게 만든 다음, 기름에 튀기거나 깨와 콩을 묻혀 꿀을 발라서 만든다.

유두날 아침에 천둥이 치면, 그것을 가리켜 '流頭 할뱅이가 운다'라고 한다.(益山)

유두날 떡을 해서 논의 물꼬 밑과 논둑 밑에 한 덩이씩 놓아 두는데, 물이 새지 말고 농사가 잘 되라고 기원하는 것이다. 때로는 떡을 해다가 논이나 논두렁에 뿌리는 수도 있는데, 풍년 들라는 뜻에서 하는 것이다.

(全北)

유두날 팥죽을 쑤어 먹으면 풍작이 된다고 전한다.

芒 種

'보리는 망종 전에 베라'는 말처럼 망종까지는 보리를 모두 베어야 논에 벼도 심고 밭갈이도 하게 된다. 망종을 넘기면 바람에 쓰러지는 경우가 많기 때문이다.

망종날에 천둥이 치면 연사가 시원하지 않고 불길하다고 해서 농가에서는 꺼려 한다.

三 伏

하지부터 셋째 庚日을 초복, 넷째 경일을 중복, 입추부터 첫째 경일을 말복이라 하며, 이들을 통틀어 삼복이라 한다. 이때의 더위를 삼복 더위라 하여, 1년 중 더위가 가장 심한 때이다.

복중에는 더위를 피하기 위하여 술과 음식을 마련해 계곡이나 山亭을 찾아가서 더위를 잊고 하루를 청유한다. 옛날에는 더위에 대처하라는 뜻에서 복중에 궁중에서 높은 벼슬아치들에게 氷票를 주어 宮의 장빙고에 가서 얼음을 타가게 하였다.

복중에 더위를 막고 보신을 위해 먹는 음식으로는 계

삼탕과 구탕이 있다.

햇병아리를 잡아 인삼과 대추와 찹쌀을 넣고 곤 것이 계삼탕인데, 땀을 많이 흘려 없어진 원기를 회복하기 위해서 가정에서나 음식점에서 많이 한다. 구탕은 특히 복날에 먹어야 보신이 되고, 벽사도 하며, 질병도 쫓고, 더위를 잊게 된다고 해서 먹는다.

구탕이 식성에 맞지 않는 사람도 있으나 대개 복날이면 먹는다. 그래서 일명 보신탕이라고까지 부르고 있다. 구탕은 개를 잡아 통째로 고아 만드는데 이때 파를 넣으면 냄새가 없으며, 보리밥을 말아 먹기도 한다.

복날에 팥죽을 먹는 곳도 있다. 사람들은 팥죽이 사악한 악귀를 물리치는 음식이라고 믿고 있기 때문에 무더운 복중에 악귀를 쫓고 무병하려는 데서 나온 풍습이다. 이때 팥죽에는 찹쌀로 구슬 같은 새알 수제비를 만들어 넣는다.

藥 水

복을 전후해서 피서로 약수터를 찾는 사람이 많다. 우리 나라에는 釋王寺의 약수·三防 약수·江西 약수·달기 약수 등 유명한 약수가 많으며, 서울에만 해도 천호동의 약수를 비롯해서 남산과 정릉 등에 수많은 약수터가 있다.

복중에는 이런 약수터에 많은 사람들이 찾아온다.
약수는 바위 틈에서 솟는 자연수이며, 그 성분에 따라 여러 병에 특효가 있다고 한다. 약수터 근처는 노목이 울창하고 약수도 차가우므로 더위를 피하기에는 안성맞춤이다. 따라서 복중엔 피서도 하고 경치도 볼 겸 많은 사람들이 약수터로 모여든다.

7 월

칠 석

 7월 7일을 칠석이라고 한다. 이 날 저녁에 처녀들은 직녀성에 바느질 솜씨가 늘기를 빌었으며, 글 공부하는 소년들은 두 별을 제목으로 하여 시를 지었다. 이렇게 소년 소녀들이 칠석날 밤 견우성과 직녀성을 숭앙하며 경건히 지낸 것은 다음과 같은 애틋한 전설이 있기 때문이다.
 견우와 직녀는 은하를 사이에 두고 동서로 갈라져 있지만 서로 사랑하는 사이다. 그러나 은하에 다리가 없기 때문에 서로 만날 수가 없어 사랑의 회포를 풀 길이 없었다.
 견우와 직녀의 딱한 사정을 알고, 해마다 칠석날이 되면 지상에 있는 까치와 까마귀가 하늘로 올라가 은하수에다 오작교란 다리를 놓아 준다. 그러면 견우와 직녀는 다리를 건너와 1년에 한 번 만나게 된다. 그러나 사랑의 회포를 다 풀기도 전에 새벽 닭이 울고, 동쪽 하늘이 밝으니, 다시 이별을 하지 않으면 안 된다. 견우와 직녀는 또다시 베를 짜고 밭을 갈면서 1년을 고독하게 보내야 한다.

 칠석날 세상에는 까막까치가 하나도 없으며, 어쩌다 있는 것은 하늘에 가서 오작교를 놓는 데 참여하지 못하는 병든 새들뿐이라고 한다. 칠석날 저녁에 비가 내리면 견우와 직녀가 상봉한 기쁨의 눈물이라고 하며, 이튿날 새벽에 비가 오면 이별의 슬픈 눈물이라고 전한다.

 또 7일엔 옷과 책을 볕에 말리는 풍습이 있다. 여름 장마철 내내 장롱에 넣어 둔 의류는 습기가 차서 좀이 슬거나 썩기 쉬우므로 햇볕에 말리는 것이다. 7월 7일쯤 되면 장마철도 지나니 그때 말려 두면 옷과 책이 별 탈 없이 겨울을 날 수 있으므로, 이때에 말리는 것이다.

 전라도 지방에선 칠석날 시암(샘)제를 지낸다. 각 가정에서 우물을 깨끗이 퍼내고 청결하게 한 뒤, 시루떡을 해서 우물 옆에 놓아 두는 것이다.(群山)

 또 칠석 때면 논일과 밭일이 모두 끝나므로 하루를 편히 쉬기도 하며(鎭安), 두 동리의 청년들이 모여서 놀이를 해서 진 편은 쉬지 못하고 일을 하며, 이긴 편의 마을에 함부로 가지도 못한다.(井邑) 제주도에서는 밤에 상을 차리고 명과 복을 비는 칠성제를 지내기도 한다.

百種日

 7월 15일은 '백종일'·'백중절' 또는 '亡魂日'이라고 한다.

 이 날 승려들은 사원에서 제를 올려 부처에게 공양을 한다. 신라와 고려 때에는 盂蘭盆會를 벌여 속인들도 공양을 했으나, 조선시대에 들어서는 주로 승려들만의 행사가 되었다.

 백종일에 사람들은 조상의 사당에 薦新을 드리며 술과 고기를 마련하여 노래와 춤으로 하루를 즐긴다.

 농촌에선 백종일을 전후해서 시장이 섰는데, 이를 '百種場'이라고 했다. 즉 백종 시장이라는 뜻으로, 머슴을 둔 가정에서는 이 날 하루를 쉬게 하여 물건을 사거나 취흥에 젖게 한다. 그래서 백종일을 전후해서 여러 곳에 씨름판이 벌어지거나 흥행단이 모여들기도 한다.

 망혼일이라고 하는 것은 백종일 밤에 술과 고기·밥·떡·과실 등 많은 것을 차려 놓고 亡親의 혼을 불러들여 제를 지내는 까닭이다.

 백종이란 말도, 이 무렵에 과실과 채소가 많이 나기 때문에 백 가지를 차린다 해서 나온 것이다.

 또한 이 날은 그 해에 농사를 잘 지은 집의 머슴을 소에 태우거나 가마에 태운 후 위로하고 흥겹게 놀기도 한다.

 지방에 따라서는 백종일에 차례를 지내기도 한다. 그러기 위해 산소에 벌초를 하고 성묘도 한다.

 백종일은 일손을 쉬고 노는 날이지만, 제주도에서는

바다 일을 더 많이 한다. 즉 백종날 살찐 해물들이 많이 잡힌다고 해서 모두 바다로 나간다. 밤에는 횃불을 들고 늦도록 해산물을 따는 것이다.

한라산에는 농사와 순풍과 번성을 맡고 있는 '백중 와살'이란 산신이 있다. 백종을 고비로 오곡과 山果들이 익어가면 산신은 허전하기도 하고 샘이 나서 풍운을 일으키는 조화를 부린다 한다. 제주도는 언제나 바람이 많이 불지만 특히 백종 무렵에는 비바람이 많은데, 이것은 백중 와살의 발동 때문이라 믿고 있다. 그래서 백종날에는 산신에게 제사를 지낸다.

호미씻기

호미씻기 날을 草宴 또는 '머슴날'이라 부르는데, 7월 15일을 전후해서 그 마을 형편상 적당한 날을 택하여 정한다. 각 가정에서는 제각기 술과 음식을 마련하여 산이나 계곡을 찾아가 노래와 춤으로 하루를 즐긴다. 농부들의 휴일인만큼 농악을 치며 흥겹게 놀고 그 마을에서 농사가 가장 잘된 집의 머슴을 뽑아 일을 잘했다고 칭찬을 하고 술을 권해 위로해 주기도 한다. 그러고 나서 삿갓을 씌우고 소 위에 태운 후 마을을 돌아다닌다. 그 머슴의 주인은 마을 사람들에게 술과 밥을 한턱 낸다. 호미씻기는 농사일이 거의 끝나 호미가 필요없게 되었으니 호미를 잘 씻어 둔다는 데서 나온 풍속이다.

삼삼기(績麻)

 7월이면 농가에서는 삼삼기를 했다. 기계 문명이 발달하기 이전에는 필요한 의료는 자가 생산을 해서 충당해야 했다. 겨울철의 의복은 면직이나 견직으로 만들어 입었지만, 여름철은 주로 땀이 배지 않고 시원하기 때문에 마직으로 해 입었다.
 삼을 삼는 일은 부녀자들의 일이다. 7월이면 마을의 부녀자들이 넓은 마당에 모여 앉아 구수한 옛날 이야기의 꽃을 피워 가면서 삼삼기를 하는데, 이런 집단 작업을 '둘레삼'이라고 한다. 이렇게 집단 작업을 하는 것은 힘들고 지루한 줄 모르고 일을 할 수 있으며, 서로의 우정을 두텁게 할 수도 있기 때문이다.
 둘레삼을 할 때에는 피로를 잊기 위하여 구성진 가락으로 삼삼기 노래를 불러 흥을 돋우기도 하였는데, 이것은 오랜 전통이 있는 풍습이다. ≪삼국사기≫에 의하면 신라 제3대 유리왕 때에는 王都를 육부로 나누고, 공주의 주관하에 그 부내의 부녀자들이 7월 15일부터 집단적으로 삼삼기를 시작하여 8월 15일에 그 성적에 따라 승부를 정하고, 패자는 술과 음식을 마련하여 승자를 대접하였다고 전한다. 이때에는 歌舞百戱가 연출

되었다고 하며, 지금의 둘레삼 삼기는 그때부터 내려오
는 민속이라 한다.

8 월

8월의 雜事

上丁日

8월 들어 첫 丁日에는 매년 秋期 釋奠을 지낸다. 유생들이 거행하는 釋會는 공자를 제사하는 文廟에서 하는데, 祭亭의 방법은 2월의 上丁日에 행하는 춘기의 석전과 똑같다.

伏 草

추석 2, 3일 전에 조상의 묘를 찾아가서 잔디를 베고 잡초를 제거하는데, 이를 벌초라고 한다. 봄 한식 때 묘를 손질해 두었다가 가을이 되면, 여름 내내 자란 풀들을 깎아 벌초를 하는 것이다. 수십 리의 먼 길도 멀다 하지 않고 찾아가 정성들여 곱게 풀을 깎는 것은 조상을 기리는 우리의 아름다운 풍속이라 하겠다. 잡초가 우거지고 허물어진 묘는 보기에 흉할 뿐 아니라 자손들의 수치로 여겨지고 있다.

밭고랑 기기

 14일 밤에 아이들이 밭에 가서 벌거벗고 자기 나이대로 밭고랑을 긴다. 이때 음식을 장만해서 밭둑에 놓고 하는 수도 있는데, 이렇게 하면 그 아이는 몸에 부스럼이 생기지 않는다고 전한다. (珍島)

15 일

秋 夕

 추석 또는 嘉俳日·中秋節·가위·한가위 등으로 불리는 8월 15일은 우리 민족이 오랜 옛날부터 큰 명절로 치는 날의 하나이다.
 춥지도 덥지도 않으며, 높고 맑은 하늘, 풍성한 과일과 햇곡식, 저녁이면 동산에 둥글게 떠오르는 달, 농사일도 거의 끝나 한숨을 돌리게 된 일손, 어느 모로 보나 1년 중 가장 좋은 이때를 최고의 명절로 삼아 왔다.
 예부터 우리는 추석이 되면 아침 일찍 일어나 새옷으로 갈아입고, 햇곡으로 빚은 송편과 술, 그리고 갖가지 과일을 차려 놓고 조상에게 차례를 지냈다. 차례가 끝나면 어른들을 앞세우고 조상들의 자랑스럽던 이야기를 들어가며 멀고 가까운 조상의 묘들을 찾아가 성묘를 한다.
 저녁이 되면 먼 곳에서 찾아온 친척과 이웃끼리 모여 앉아, 달을 바라보며 여러 가지 놀이를 하고 즐기거나 장만한 음식들을 나누어 먹으며 이야기를 꽃피우고, 오뉴월의 염천 아래서 땀흘려 일한 보람을 느끼는 것이다. 이때야말로 농부들이 '오월 농부 팔월 신선'이란 말을 실감하는 때다.
 추석 명절을 지내는 풍습은 옛날과 다름없이 고향을 찾아가는 귀성객들로 열차가 붐비고 조상의 묘를 찾는 성묘객들의 행렬이 꼬리를 잇고 있다.

강강수월래

 강강수월래 놀이는 전라남도 남해안 지방 부녀자들의 특유한 놀이다. 추석날 밤에 추석 빔으로 곱게 단장한 마을 부녀자들이 수십 명씩 한 곳에 모여 서로 손을 잡고 둥글게 원을 그리며 뛰노는 민속 전래의 놀이다. 남자는 전혀 관여할 수 없는 강강수월래는 부인은 부인끼리 소녀들은 소녀끼리 따로 하기도 하고, 어린 아이를 제외하고는 젊은 아낙네와 처녀가 함께 놀기도 한다.
 목청 좋은 사람이 맨 앞이나 원의 중앙에 들어가서 선창을 하면 나머지 사람들은 강강수월래 하고 후렴을 하면서 원무를 한다. 이때에 춤은 처음에는 진양조로 느리게 추다가 차츰 빨라져서 중머리·중중머리·자진머리로 변하고 선도자의 능력에 따라 다양하게 추다가 힘이 다하면 끝난다.
 추석을 전후해서 전라남도의 남해·진도·완도 그리고 무안 지방에 가면 어느 마을에서나 넓은 마당에 부녀자들이 모여 신나게 강강수월래를 부르며 뛰노는 광경을 볼 수 있다.

강강수월래의 유래에 대해서 다음과 같은 이야기가 현지민 가운데 전한다. 지금으로부터 약 350년 전 임진왜란 때에 수군 통제사였던 이순신 장군이 적에게 아군의 수가 많음을 보이기 위해 마을 부녀를 동원, 남장을 시켜 우수영 근처에 있는 옥매산을 빙빙 돌며 춤을 추게 하였더니, 적군은 이순신의 군대가 많은 것을 보고 달아났다고 한다. 이런 일이 있은 후로 마을 사람들은 강강수월래 놀이를 했으며, 강강수월래는 이순신 장군이 창안한 것이라고 한다.

그러나 강강수월래는 임진왜란 때에 창안됐다기보다는 1년 중 가장 달 밝은 밤에 원시 민족이 가졌던 민족무용이었을 것으로 생각된다.

강강수월래 노래는 여러 가지가 있으나, 그 중에서 가장 대표적인 것 하나를 적으면 다음과 같다.

사랑창창 뒤창밖에 강강수월래
건너초당 내다보니 강강수월래
범나비는 앉았길래 강강수월래
그나비를 쳐다보니 강강수월래
일천자　배운글을 강강수월래
적수만장 다잊었네 강강수월래
서당안의 학도들아 강강수월래

서당밖의 학도들아 강강수월래
선생앉은 눈을보라 강강수월래
꿩첼라는 매눈이다 강강수월래
우리부모 오시거든 강강수월래
매에갱게 갔다말고 강강수월래
글에반에 갔다하소 강강수월래
안새안들 사랑앞에 강강수월래
얀얏하다 봉사리꽃 강강수월래
철철마다 피련무나 강강수월래
우리같은 동자들은 강강수월래
어느얼에 또만나게 강강수월래
갱비갱비 내꼬물은 강강수월래
눈물삼아 살아보세 강강수월래
이화창창 밝은달은 강강수월래
애울삼아 살아보세 강강수월래
새야새야 파랑새야 강강수월래
너멋하러 나왔느냐 강강수월래
솔잎댓잎 푸르길래 강강수월래
하절인줄 알았더니 강강수월래
춘하추동 날세기서 강강수월래
달떠온다 달떠온다 강강수월래
하날에서 달떠온다 강강수월래
달우에는 별도총총 강강수월래

구름속에 숨은달은 강강수월래
해만빽쪽 물었구나 강강수월래
꽃도단포 화다치마 강강수월래
맵수좋게 갈아입고 강강수월래
마당좋고 동무졸때 강강수월래
신명털이나 하고가세 강강수월래

가마 싸움

경상북도 의성에서는 추석날에 가마 싸움 놀이를 했다.

추석이 가까워지면 의성 남북의 서당 학동들이 모여 가마 싸움할 것을 의논한다. 서당의 훈장도 명절에는 고향에 가서 차례를 지내고 성묘하므로 서당은 며칠 동안 학습을 쉬게 된다. 이 사이에 학동들에 의해서 가마 싸움 놀이가 벌어지는 것이다.

한 편에 오륙십 명씩 모여 네 바퀴가 달린 가마를 만드는데 앞뒤에는 잡아당길 수 있는 줄을 달아맨다. 가마 앞쪽엔 힘이 센 학동 300여 명이 줄을 잡고 서고, 나머지는 뒤에 서서 가마를 호위하고는 앞으로 나아가 싸움을 하게 된다. 이때 '박수'라고 하는 공격수들이 상대방을 밀치고 들어가 상대편 가마를 발로 차서 부수면 이기게 되는데 불리한 쪽에선 줄을 조종하는 '동태 머리꾼'의

지시에 따라 가마를 뒤로 당겨 후퇴를 하기도 한다.

가마 싸움 때에는 가마 외에, 令旗·淸道旗·靑龍旗 2·白虎旗 2·玄武旗 3·朱雀旗·師旗 등이 동원되어 위용을 자랑한다.

會戰은 유다리 근처의 광장에서 하며, 14일부터 가마차를 끌고 동네로 돌아다니면서 사기를 높여 마을 사람들의 관심을 끈다.

가마 싸움이 학동들만의 대항전인만큼 7, 8세의 소년에서 20세의 청년까지 끼어 있어, 거칠게 하면 때로 부상자도 나게 된다.

마을 사람들은 관전하면서 성원을 하고, 때로는 농악까지 동원되어 응원을 한다.

가마 싸움에 이기면 그 해에 그 서당에서 과거에 많이 급제한다고 믿고 있다.

이 놀이는 60여 년 전에 인멸되었으나 요즘에 와서 다시 재현되고 있다.

소 놀 이

추석 무렵 畿湖의 농부들은 소놀이를 하며 하루를 즐긴다. 두 사람이 서로 엉덩이를 맞대고 엎드린 후 그 위에 멍석을 씌운다. 앞사람은 멍석 밑에서 잘 깎은 막대기 두 개를 내밀어 마치 쇠뿔처럼 보이게 하고, 뒷

사람은 동아줄을 한 가닥 늘어뜨려 쇠꼬리처럼 보이게 한다. 이때 농부 한 사람이 앞에서 소의 고삐를 잡아 끌고 간다.

소 뒤에는 농악대가 따르고, 그 뒤에 농부들이 따른다. 소를 앞세운 일행은 마을 부잣집을 찾아간다. 대문 앞에서 쇠고삐를 잡은 사람이

"소가 배고파서 왔습니다. 여물과 뜨물을 주시오."

하고 소리치면 주인은 일행을 맞아 술과 떡과 과실을 차려 놓고 대접한다. 이때 소는 여러 가지 흉내를 내고 놀며 그럴 때면 술과 떡을 주며 웃고 즐긴다.

이렇게 여러 집을 차례로 찾아다닌다. 소놀이는 명절을 맞이하여 풍년을 마음껏 즐기고, 소의 노고를 위로하자는 농민들의 소박한 마음에서 나온 놀이다.

거북놀이(龜戱)

경기도 남부와 충청북도 일부에선 추석날 거북놀이를 한다. 소놀이처럼 두 사람이 엉덩이를 맞대고 엎드리고 그 위에 맷방석을 덮어 마치 거북 등처럼 만든 다음 농악을 치며 부잣집을 찾아간다. 맨 앞에서 선도하는 농부가 "이 동해 거북이 바다를 건너 오느라고 시장하니 맛있는 것을 한 상 차려 주시오." 하면 주인은 미리 마련한 술과 떡과 과실을 차린 상을 내어 일행을 대접한

다. 이렇게 마을 큰 집을 차례로 돌아다니며 하루를 즐겁게 보낸다.

올게심니

추석날 또는 추석을 전후해서 잘 익은 벼나 수수, 조 (粟)의 목을 한 주먹 가량 베어다 묶어 방문 위나 기둥에 걸어 둔다. 이것을 '올게심니'라고 하는데 그렇게 하면 다음해에도 풍년이 든다고 믿고 있다. 올게심니를 할 때는 떡을 하고 닭도 잡아 제법 크게 잔치하는 경우도 있으나, 어려운 살림에는 밥을 한 상 차려 놓는 것으로 끝낸다. '올게심니'를 했던 곡식은 다음해 씨로 쓰거나 떡을 해서 조상의 사당에 천신했다가 먹는다. (全州·南原)

추석에 올게심니를 하지 못했을 때에는 9월 9일에 하기도 한다. (群山)

조왕 단지

부엌에는 竈王神이 있다 하여 조왕신의 상징인 조왕 단지를 모셔 놓고 1년 내내 물을 담아 두는데, 매일 맑은 물로 갈아 두는 집도 있으나, 대개 설·한식·추석에 갈아 넣는다.

照里戱

제주도에는 추석놀이로 조리희란 놀이가 있다. 남녀노소가 함께 모여 노래와 춤을 즐기다가 두 패로 갈라 줄다리기를 해서 승부를 낸다.

문헌에 의하면 이때 대개 줄이 끊어지는 순간에 사람들은 엉덩방아를 찧는데, 구경하던 사람들이 이것을 보고 크게 웃고 즐겼다고 한다.

秋夕雨

추석날의 일기로 여러 가지 점을 쳤다. 추석날은 청명해서 달이 밝아야 좋다고 한다. 추석날 비가 내리면 보리가 흉년이 든다고 해서 좋아하지 않는다. 또한 이 날 달이 없으면 토끼가 胞胎를 못 하고 메밀은 결실을 못 한다고 한다.

즉 추석에 비가 오거나 구름이 많은 것은 그 해의 흉조라고 믿고 있다.

반보기(中路相逢)

추석 무렵이면, 자주 만나지 못하는 일가 친척의 부인네들 사이에 '반보기'를 하는 풍속이 있다. 옛날 부녀자들은 외출이 자유롭지 못해서 만나 보고 싶은 마음이 간절해도 자주 만날 수 없었다. 그래서 8월쯤에 서로 통문을 보내어 일자를 정하고, 두 마을 중간에 있는 경치 좋은 곳을 택해서 서로 맛있는 음식을 마련해 가지고 간다. 특히 친정 어머니와 출가한 딸이 서로 보고 싶으나 시집살이가 심하여 기회를 얻지 못할 때에는 반보기를 한다.

양쪽에서 나온 사람들은 그 동안의 회포를 풀고 서로 음식을 권하며, 소식을 묻고, 하루를 즐기다가 저녁에는 각기 집으로 돌아간다. 마치 요즘의 소풍 같은 것이다. 겨우 한나절 정을 나눌 수 있다는 데서 '온보기'가 못 되고 '반보기'라고 한 것이다. 옛날 남존여비와 가족제도가 빚어낸 풍속이다.

8월의 時食

추석에는 햇벼를 비롯하여 각종 실과가 익는 때이므로 시식도 다양하다.

이때는 햅쌀로 밥을 지으며, 떡도 하고, 술을 빚는다. 水稻는 미처 익지 못했어도 山稻는 넉넉히 베어서 먹을 수 있으므로 어느 농가에서나 햅쌀을 마련할 수 있다.

햅쌀로 만드는 송편은 특별히 '오려 송편'이라고 하는데 新稻송편이란 뜻이다. 송편 속에는 햇콩·햇동부 등으로 만든 고물이나 참깨·밤·대추 등을 넣는다.

햅쌀로 빚은 술을 新稻酒라고 한다. 추석 차례에는 대개 신도주를 쓰며 손님을 대접할 때도 이 술을 권하는데, 이 술은 8월의 시식으로 빼놓을 수 없는 것이다.

8월에 나오는 햇과일로는 밤·대추·감·사과 등이 있다. 밤은 삶아서 먹기도 하지만 떡이나 밥에 놓아 먹는 것도 일미이고, 특히 풋밤은 물이 많고 맛도 특이하다. 대추는 단맛이 일품이기도 하지만, 말리기 위해 지붕 위에 널어 둔 그 진홍의 색깔은 농촌의 가을을 실감하게 할 만큼 황홀하다.

감은 아직 다 익지 않아 떫은 맛이 나지만 가지마다 주렁주렁 매달려 빨갛게 익어가는 모습이 더없이 아름답다. 떫은 감은 뜨거운 물에 소금을 적당히 타서 하룻밤 담가 두면 떫은 맛이 없어져 맛있게 먹을 수 있다. 또 이때쯤이면 채소도 많이 나오므로 여러 가지 찬을 만들어 먹는다.

9 월

9 일

 9월 9일을 重九 또는 重陽이라고 부른다. 중구란 말은 9가 겹쳤다는 뜻이며, 중양이란 陽數가 겹쳤다는 것이다. 奇數는 陽數이기 때문이다.
 각 가정에서는 국화꽃 잎을 따서 찹쌀가루와 반죽하여 단자를 만들어 먹는데 이를 국화전이라 한다. 봄의 진달래 화전과 함께 계절 시식으로서 빼놓을 수 없는 이 국화전은 가을의 미각을 새롭게 한다. 또 술에 국화를 넣어서 국화주를 빚기도 하는데 그 향기가 일품이다.
 떼를 지어 단풍이 든 산이나 계곡을 찾아가서 장만해 온 술과 음식을 들면서 단풍놀이를 한다. 이때는 부녀·소녀·소년·농부들이 제각기 떼를 지어서 하루를 즐기는데 문인들은 시를 짓고 풍월을 읊어 주흥을 내기도 한다.
 요즘도 이때가 되면 각급 학교에서 가을 소풍을 가는데 이것은 오랜 전승에서 유래한 것이다.
 제주도에서는 9월 9일을 巫祖인 '명도'의 생일날이라

해서 神房들이 마당에 기를 세우고 큰 굿을 하기도 한다.

이때 각 신방에 속해 있는 동네 단골들은 모두 시주를 하는데, 이것을 하지 않으면 다음에 탈이 있을 때에 신방의 도움을 받지 못하는 것으로 전해진다.

소 풍

9월은 단풍의 계절이다. 9월이 되면 푸르던 산과 들은 갖가지 색으로 곱게 물들어 누구라도 한번 찾아가 하루를 즐기고 싶은 유혹을 느낀다. 그래서 단풍이 좋은 산이나 명승 고적지에는 많은 소풍객들로 붐비게 된다.

이러한 가을 소풍의 풍속은 어제 오늘 시작된 놀이가 아니고, 먼 옛날부터 9월이 되면 글방의 학동들은 물론 노인, 청년, 부녀자들도 각각 모여 단풍과 명승지를 찾아가 음주와 가무로 하루를 즐겼다.

특히 이때 선비들은 천자만홍의 단풍을 주제로 시를 짓고, 부녀자들은 내방가사를 읊었으며, 농부들은 농악을 울리며 즐겼다.

10 월

3 일

 10월 3일을 개천절이라고 한다. 우리 나라의 건국 신화에 의하면 10월 3일날 국조 단군이 天界에서 天門을 열고 인간계로 내려왔다고 전한다. 開天이란 이름은 이 신화에서 유래된 것이라 하겠다. 따라서 개천절은 국가 기원을 기념하는 날이며, 지금도 이 날을 국경일로 정하고 의식을 행하고 있다.
 민가에서는 지금도 10월을 '상달(上月)'이라고 해서 1년 중 가장 높은 달로 생각하고 있다. 이것은 고대 사회의 유풍이며, 기록에 의하면 고조선과 고대 국가에서는 10월에 天神과 여러 신에게 제사를 지내고 國中大會를 여는 등의 제천의식을 가졌다고 전한다.
 지금도 10월은 개천절을 비롯하여 神事的인 민속이 가장 많은 달이다.

馬 日

 10월의 午日을 '말날'이라 하여, 특별히 말을 위하는 풍속이 있었다.

이 날이면 팥떡을 해서 마구간 앞에 차려 놓고, 말의 무병과 건강을 비는 고사를 지냈다.

우리 민족은 가축 중에서 말을 가장 소중히 여기고 위했기 때문에 때로는 말을 위한 고사까지 지낸 것이다. 말은 옛날엔 가장 좋은 장거리 교통 수단이었을 뿐만 아니라 그 노동력을 농사일에 이용할 수도 있고 또 다른 가축에 비해 영리해서 주인을 따랐으므로 말에 대한 당시의 풍속이 이해됨직도 하다.

조선시대의 ≪時用鄕樂譜≫에는 馬祭 때 부르던 노래인 '軍馬大王'이 전해지고 있다.

10월 말날 중에서도 戊午日을 上馬日로 쳤는데 그것은 戊와 茂가 음이 같아 말의 茂盛을 기원하는 마음에서였으리라 믿어진다. 또 말날 중에서도 丙午日일 때에는 고사를 지내지 않았다. 이 역시 丙과 病의 음이 같아 말의 병을 꺼려한 데서 생겨난 것이라 믿어진다.

어떤 지방에서는 말날에 시루떡을 해서 외양간과 모든 방에 차려 놓고 주인의 生氣福德을 비는 굿을 하거나 安宅을 하기도 한다.(扶餘・全州) 또 햇곡식으로 떡을 하고 음식을 마련해서 굿을 하기도 하며(益山), 전라북도 지방에서는 이 날 土主 단지에 新穀을 갈아 넣는다.

城主祭

10월 상달이 되면 어느 가정에서든지 말날이나 길일을 택해서 성주에게 제사를 지낸다.

성주신은 가내의 안녕을 관장하는 신이라고 생각했으므로 특히 정성을 들여 햇곡식으로 술과 떡을 빚고 갖가지 과일을 장만하여 성주제를 지냈는데 주로 가족의 평안을 기원했다.

이 성주제는 주부에 의해 간략하게 거행되기도 하지만 부잣집에서나 크게 하고 싶을 때에는 무녀들을 초빙해서 굿을 하기도 한다. 지방에 따라 성주제를 성주굿·성주받이굿 또는 안택굿이라고 부르기도 하는데, 지금도 시골에선 많은 가정이 성주를 모시고 있다.

함경도 지방에는 성주제와 같은 성격의 것으로 農功祭가 있는데, 성주가 아닌 단군에게 제사한다는 점이 다르다. 제주도에서는 十月萬穀大祭라고 해서 신곡으로 제찬을 마련해 놓고 本鄕堂神에게 제사를 지낸다.

時 祭

4대 조상까지는 사당에서 제사를 지내지만, 5대 이상의 조상들에 대해서는 10월 15일을 전후하여 한 번에 제사를 지내므로, 이를 시제 또는 時祀, 時享이라고 한다.

시제 때에는 원근의 후손들이 모두 묘 앞에 모여 제를 지내며, 제물은 후손 중에서 만들거나 또는 묘소를 관리하는 산지기가 제실에서 飯餠과 酒饌을 마련하여 집단으로 지낸다. 시제의 경비는 묘에 소속된 전답을 마련하여 그 수확으로 마련한다. 시제 때에는 많은 자손들이 모이는 것이 자랑이며, 묫자리가 명당일수록 후손이 복을 받는다고 전한다.

孫乭風

10월 20일에 관례적으로 불어오는 심한 바람을 '손돌풍' 또는 '손석풍'이라고 하는데, 여기에 대해서는 다음과 같은 설화가 전해지고 있다.

고려시대의 사공 손돌이가 임금이 탄 배를 저어 통진과 강화 사이를 가게 되었는데, 풍랑에 밀려 매우 곤란한 지경에 이르자 임금은 손돌에게 다른 뜻이 있다 하여 그의 목을 베었다.

이러한 일이 있은 후로 이곳을 '손돌목(孫乭項)'이라 부르며, 이 날이면 해마다 으레 강풍이 심하게 부는데 억울하게 죽은 손돌의 원한이 바람이 되어 분다고 해서 손돌풍이라 불렀다.

강화도 사람은 손돌풍이 불 때에는 배를 타지 않는다.

김 장

　겨울 동안 먹을 김치를 한꺼번에 담그는 일을 김장이라고 하는데, 우리에게는 김치가 없어서는 안 될 가장 일반적인 것이므로 김장이 매우 중요하다.
　김장은 입동을 전후해서 그 해의 일기에 따라 담그는데, 무와 배추가 얼기 전에 해야 한다.
　김장의 재료로는 무·배추·파·마늘·고춧가루·당근·갓·생강·소금 및 각종 젓갈과 조미료가 있다. 김장의 종류에는 통김치·쌈김치·깍두기·석박지·동치미·젓국지·겉절이·채김치·채깍두기·짠지 등을 들 수 있다. 김치의 종류나 재료는 생활 정도와 지방에 따라 조금씩 다르다. 김장은 독에 담아 땅 속에 묻거나 지하실에 저장한다.

10월의 時食

　10월의 별미로 만두국을 들 수 있다. 밀가루를 반죽해서 둥글납작하게 만든 다음, 고기와 야채를 다져서 넣고 싸서 장국에 끓인다. 때로는 만두국에 밥이나 흰떡을 썰어 넣어 먹기도 한다.
　10월에 가정에서 강정을 만들어 간식으로 먹는다. 찹쌀가루를 물과 술에 반죽하여 둥글거나 모나게 만들어 기름에 튀겨 꿀을 발라서 먹는다. 강정은 꿀을 칠한 위에 깨·콩·잣 등을 묻히기도 하는데, 그 묻히는 것에 따라 깨강정·콩강정·잣강정 등으로 명칭이 모두 다르며 잔치 때에 많이 쓰인다. 또한 이때에 쑥을 뜯어다 쑥국을 끓여 먹는 것도 별미이다.

10월에 들면 추위가 시작되므로 음식도 뜨거운 것이 환영받는다. 화로에 불을 피우고 전골틀을 올려놓고 쇠고기·달걀·파·고춧가루·마늘·당근 등의 갖은 양념을 넣고 지져서 먹는데, 이것을 열구자탕 또는 신선로라고도 하며, 이렇게 먹는 것을 煖爐會라고 한다.

열구자탕과 신선로는 잔치 때에 대개 마련된다.

11 월

冬 至

 11월 중에 천세력에 정해 있는 동지가 있다. 하지는 낮이 가장 길고 밤이 가장 짧은 데 비하여, 동지는 밤이 가장 길고 낮이 가장 짧은 날이다. 11월을 가리켜 '동짓달'이라고 할 만큼 이 달의 동지는 유명하다. 또한 동지를 '惡歲' 혹은 '작은 설'이라 부르기도 하는데 옛날에 동지를 설로 삼았던 데서 나온 말이며, 민간에서는 흔히 동지 팥죽을 먹어야 나이를 한 살 더 먹은 것으로 쳤다 한다.

 동짓날 부적으로 蛇字를 써서 거꾸로 붙이면 악귀가 들어오지 않는다고 한다. 동짓날 일기가 온화하면 다음해에 전염병이 있어 많은 사람들이 죽게 되며, 눈이 많이 오고 날씨가 추우면 풍년이 들어 대길조라고 점친다.

동지 팥죽

 동짓날에는 어느 가정에서나 팥죽을 쑤어 먹는다. 팥을 삶아 으깨거나 체에 걸러서 그 물에다 찹쌀로 단자를 새알만큼씩 만들어 죽을 쑨다. 이 단자는 '새알심'이라고 한다.

동지 팥죽은 먼저 사당에 놓아 차례한 다음, 방과 마루, 광에 한 그릇씩 떠다 놓으며, 대문이나 벽에 팥죽을 수저로 뿌리고 난 후에 먹는다. 이것은 팥죽이 액을 막고 잡귀를 없애 준다는 데서 나온 것이다.

팥죽은 이 밖에도 화를 막기 위한 주술로도 쓰이거니와 고대 중국의 고사에서 유래한 것이다. 즉 共工이란 사람에게 아들이 있었는데 동짓날에 죽어 疫鬼가 되었다. 그런데 이 역귀는 팥을 무서워했고 동짓날 죽었으므로 이 날에는 팥을 쑤어 귀신을 쫓는 풍속이 생겼다고 한다. 이 밖에도 팥은 그 색이 붉어 축귀의 기능을 가지고 있는 것으로 인정되어 잡귀를 쫓고자 할 때에 사용되고 있다.

또 팥죽을 동네에 있는 고목에도 뿌리는 경우가 있는데 이것 역시 액을 막기 위한 하나의 逐鬼 풍습이다.

冊 曆

지금도 연말을 앞두고 책력이 나돌거니와 옛날 觀象監에서는 동짓날에 다음해의 달력을 만들어 나라에 올리면 나라에서는 百官에게 나누어 주었다. 책력은 1년 동안의 전후가 모두 명시되어 있어 일상 생활에 긴하게 쓰인다. 요즘 연말에 달력을 선사하는 것도 그러한 풍속에서 유래했다.

龍耕

충청남도 합덕지를 비롯하여 전국 여러 곳의 큰 못에는 용경이 생긴다. 동짓달이 되어 기온이 영하로 내려가면 연못의 수면도 얼어붙어 얼음의 모양이 마치 쟁기로 밭을 갈아 놓은 것처럼 된다. 이것을 '용경'이라 하는데, 북으로 줄이 있으면 다음해는 풍년이 들고, 동서로 줄이 있으면 흉년이 든다고 하며, 동서남북에 모두 같은 모양의 줄이 있으면 평년작이라고 믿고 있다.

黃柑製

옛날 제주도에서는 동지 무렵에 국왕에게 귤과 감자를 진상했다. 궁중에서는 진상받은 것을 먼저 태조에 올린 다음 侍臣과 星主에게 布帛 등을 하사했다. 이때에 나라에서는 남국의 진기한 물건을 진상받은 것을 기념하여 황감을 성균관 및 四學과 유생들에게 내리고 임시로 과거를 거행하여 관리를 등용했는데 이것을 황감제라 불렀다.

11월의 時食

 겨울철 음식으로 냉면이 있다. 냉면은 메밀로 국수를 하고 김칫국물에 무김치·돼지고기·배·삶은 계란 등을 넣어 먹는데 차게 먹는 것이 특징이다. 겨울에는 날씨가 추워 뜨거운 것을 먹는 것이 상식이나 평안도와 함경도에서는 영하의 추운 날에도 냉면을 먹는 것을 별미로 알았다. 지금은 서울과 그 이남 지방에서도 냉면을 즐겨 먹고 있다.

 또한 겨울 별미로 동치미가 있다. 동치미는 흔히 김장할 때에 담그지만 겨울에는 언제든지 담글 수 있다. 무를 큼직하게 썰어 국물을 많이 넣어 담그는데, 겨울에 온돌방에서 먹는 것이 제격이며 시원한 맛이 그 특징이다. 늦은 봄까지 먹을 수 있다.

 곶감을 꿀물이나 설탕물에 담그고 생강·잣·계피가루를 넣어서 차게 한 후 먹는 수정과가 있는데 수정과는 잔치 때에도 많이 쓰인다.

 옛날 동짓날에 청어를 薦新하는 일도 있었으며, 청어는 해주와 통영에서 가장 많이 잡혔다고 한다.

 겨울철의 생선으로 명태가 있는데 겨울에 동해에서 잡히며 언 것이 동태이다.

 동태는 겨울의 식탁에서 중요하며, 맛이 탁하지 않고 상쾌한 것이 특징이다. 명태를 말린 북어는 제수로 사용된다.

12 월

臘 享

 동지로부터 세 번째 未日인 납일에 그 해의 농사 형편과 여러 가지 일에 대하여 신에게 고하는 제사를 납향이라고 한다.

 납일 밤에 농촌에서는 새잡기를 하는데, 서너 명의 청소년이 패가 되어 그물을 가지고 어두운 밤에 새가 사는 지붕 추녀를 찾아다니며 새를 잡는다.

 그물을 새 구멍 있는 추녀에 대고 막대기로 추녀를 호되게 치면 새가 놀라 나오다가 그물에 걸린다. 또 새가 많이 자는 숲에 가서도 이렇게 해서 잡는다. 납일의 새고기는 맛이 있을 뿐 아니라 아이가 먹으면 병에 걸리지 않는다고 해서 납일에 새를 잡으려고 애를 쓴다.

 또한 이 날 내린 눈은 약이 된다고 해서 곱게 받아 독에 담아 두기도 한다. 눈 녹은 물을 두었다가 김장독에 넣으면 맛이 변하지 않으며, 의류와 책에 바르면 좀을 막을 수 있다고 한다. 또한 그대로 두었다가 환약을 달일 때 쓰기도 하고, 눈을 씻으면 안질에도 걸리지 않을 뿐 아니라 눈이 밝아진다고 한다.

옛날에는 납일에 궁중의 의약국인 내의원에서 환약을 만들어 헌납했으며, 나라에서는 사신에게 나누어 주었다.

충청도 지방에서는 이 날 엿을 고기도 하는데 설탕이 없던 옛날에는 당분을 엿에서 얻었으니 엿을 만드는 일도 매우 중요했다. 밥에 엿기름 물을 부어 삭힌 다음 겻불로 밥이 물같이 되도록 끓인 뒤에, 그것을 자루에 넣고 짜낸 다음 다시 끓여서 식히면 굳어져 엿이 된다. 엿을 고기 시작하면 이튿날 새벽에 완성된다.

새 잡 기

섣달 그믐날 밤에 새를 잡는다.

겨울철 새고기는 맛이 진미이며, 특히 除夕의 새고기는 약이 된다고 해서 농가에서는 제석에 새잡기를 한다.

牛禁解除

나라에서는 백성의 교화를 목적으로 크게 세 가지의 금지 사항을 두었는데, 함부로 술을 빚지 못하게 한 酒禁과, 소나무를 마음대로 베지 못하게 막은 松禁, 그리고 소를 마구 잡지 못하게 한 牛禁 등이다.

소는 농가의 중요한 노동 수단이어서 마구 잡으면 농

사일에 큰 지장을 가져오게 되므로 잘 보호하기 위해 우금령을 내렸던 것이다. 그러나 연말이면 세찬이나 차례 등을 위해 육류의 수요가 늘어나므로 잠시 우금을 해제했다.

歲 饌

설날 세배하러 오는 손님에게 대접하기 위해 내놓는 음식을 세찬이라고 한다. 떡·술·과일 등 여러 가지 찬이 마련되는데, 빼놓을 수 없는 것이 떡국이다. 지금은 떡국을 끓일 때 쇠고기나 닭고기를 사용하지만 옛날에는 꿩고기(生雉)를 썼다.

차례를 위한 음식을 준비하기 위해 그믐날에는 많은 솥을 내걸고 지지고 부치며 주부들은 거의 밤을 새우다시피 한다.

대 청 소

주부들이 세찬을 만들 때에 남자들은 집 안팎 대청소를 한다. 실내 청소는 부녀자가, 집 주변의 청소는 남자가 한다. 높은 곳은 깎고, 얕은 곳은 메우며, 외양간도 치우고, 거름도 퍼내서 설맞이 준비를 하는 것이다. 묵은 해의 잡귀와 액은 모두 물러가고 신성한 가운데 신년을 맞이하려는 마음의 준비이다. 옛날 궁중에서는 儺禮라 해서 侲子 수십 명이 의식을 갖춰 축귀를 했으며, 각 가정은 대청소로 축귀를 한 셈이다.

舊歲拜

섣달 그믐날 저녁에 사당에는 절을 하고, 설날 세배하듯이 어른에게 절을 하는 것을 묵은 세배(舊歲拜)라고 한다. 1년의 마지막 순간에 이 해도 무사히 다 지나간다는 인사를 드리는 것이며, 조상의 산소에 성묘도 한다. 이 날 밤에는 늦도록 초롱불을 밝히고 묵은 세배꾼들이 골목길을 누빈다.

除 夕

1년의 마지막 날인 12월 30일을 '섣달 그믐' 또는 '제석', '제야'라 부르기도 한다. 연중에 있었던 거래의 종결을 맺으니 빚이 있는 사람은 해를 넘기지 않고 이 날에 모두 청산을 한다. 그래서 남에게 받을 빚이 있거나 물건 값의 외상이 있는 사람은 이 날 찾아다니며 받아야 하며 만일 자정이 넘도록 받지 못한 빚은 하는 수 없이 정월 보름까지는 독촉도 못 하고, 받을 수 없게 된다.

爆 竹

　제석의 자정 무렵에 마당에 불을 피운 후 靑竹을 불에 태운다. 그러면 청죽 마디가 탈 때에 큰 소리를 내며 요란스럽게 타므로 '폭죽' 또는 '대 불놓기'라고 한다. 이렇게 하면 묵은 해에 집안에 있었던 잡귀들이 놀라서 모두 달아나고 신성하게 새해를 맞이할 수 있다고 믿었던 것이다.

　나라에서도 元日 새벽에 歲砲라 해서 放砲三響하는 습관이 있었으며, 민속적으로 폭죽과 같은 의미를 지니고 있었다.

祠堂祭

　섣달 그믐날 저녁에 家廟에 歲末임을 고하는 제사를 말한다.

　촛불을 밝히고 음식을 차려 놓은 다음 家主 혼자서 지낸다. 한 해가 무사히 지나고 신년을 맞이하게 되었다는 것을 조상에게 알리기 위한 제사이다. 사당을 따로 모시지 않은 집에서는 지내지 않으며, 요즘은 사당을 짓는 일이 극히 적으므로 사당제도 차츰 사라져 가고 있다.

守 歲

 섣달 그믐날 밤은 방·뜰·부엌·문·변소 등 집안 구석구석에 불을 밝혀 놓고, 잠을 자지 않고 밤을 새우는데 이것을 수세라고 한다. 불을 밝히는 것은 잡귀의 출입을 막는 데 있으며, 부뚜막 솥 뒤에도 불을 밝히는데 조왕신은 12월 25일에 말미를 받아 천제에게 가서 1년 동안의 자기 집 일을 모조리 보고하고 그믐날 제자리로 돌아온다고 한다.

 이 날 밤 잠을 자면 눈썹이 희어진다고 한다. 그래서 밤 늦도록 윷놀이·옛날 이야기·얘기책 읽기 등 흥미있는 놀이로 시간을 보내며 잠자지 않으려고 애를 쓴다. 잠자는 아이가 있으면 눈썹에 흰 가루를 묻혀 두고 설날 아침에 눈썹이 셌다고 놀려 준다.

閏 月

閏 月

　윤달은 평년보다 한 달이 더 있는 달로 '공달'이라고도 하며, 속담에 '송장 거꾸로 세워도 탈이 없다'고 할 만큼 무슨 일을 해도 지장이나 부작용이 없는 달이다. 집수리·이사 등에도 지장이 없으며, 혼례를 올리고 壽衣를 만들어 놓으면 좋다고 한다. 따라서 부정이나 액을 타는 일은 이 달을 이용하여 행하는 경우가 많다.

以東方屬木云

頒臘藥內局所製也淸心元主閔塞安神丸主熱蘇合元主癨三種爲最要當宁朝新劑二種等分加減定出睿思比蘇合元效尤速賜名濟衆丹廣濟丸畿內山郡舊貢臘猪發民搜獵當宁朝特罷之壯勇營將官領礮手獵于龍門祝靈諸山以進捕黃雀飼小兒善痘都城中不得私放鳥槍是日許令捕雀

除　夕

禁中發大礮號年終放礮
藩閫列郡歲除前餽問都下書緘中另具小摺列錄土產雉鷄腑魚烟酒諸種謂之聰明紙按周處風土記
蜀俗晚歲相餽問謂之餽歲此風自古而然矣
渾舍張燈以至厩溷各點一盞達夜不睡以守歲俗云除夕睡雙眉白小兒甚憚之或睡他兒以米粉抹之擾使對鏡以爲戱笑按溫革碎瑣錄除夜神佛前及廳堂房溷皆明燈至曉主家室光明又孟元老東京夢華錄除夕士庶之家圍爐團坐達朝不寐謂之守歲

十月 午日

俗稱馬日蒸赤豆餅設廐中祝馬健內午日則否丙與病音相類忌馬病也

冬至

頒新曆黃粧白粧安同文之寶
仕宦家各有句管銓吏一人掌寫告身出宰郡縣給堂氽錢堂氽者守令新除忝謁都堂之謂也錢爲銓吏所資每於冬至獻靑粧曆一卷又都下舊俗端午之扇官分于吏冬至之曆吏獻于官是爲夏扇冬曆波及鄉曲親知墓奴庄客

赤豆粥用糯米粉爲鳥卵狀投其中和蜜食之是日潑豆粥於門板以辟惡按宗懍荊楚歲時記共工氏有不才子以冬至死爲疫鬼畏赤小豆故冬至日作赤豆粥以禳之

臘平

本朝以未臘按芝峰類說引蔡邕之說靑帝以未臘赤帝以戌臘白帝以丑臘黑帝以辰臘我國臘用未蓋

中元

俗稱百種節都人盛設饌登山歌舞爲樂按盂蘭盆經目連比邱七月十五日具百味五果以著盆中供養十方大德今所云百種即百味之謂也高麗崇佛爲盂蘭盆會今俗只醉飽而已或云是日舊俗陳列百穀之種故曰百種無稽之說也

中秋

俗稱秋夕又曰嘉排按三國史新羅儒理尼斯今使王女二人分率六部女子自七月望集大部之庭績麻乙夜而罷至八月望考其功之多少負者置酒食以謝勝者於是歌舞百戲皆作謂之嘉排是時負家一女子起舞歎曰會蘇會蘇其音哀雅

重九

朶菊花爲糕與重三之䕺花糕同亦稱花煎

內醫院製玉樞丹佩之禳災

觀象監朱砂搨辟邪文俗粘門楣曰五月五日天中之節上得天祿下得地福蚩尤之神銅頭鐵額赤口赤舌四百四病一時消滅急急如律令又一本曰甲作食㐫肺胃食虎雄伯食魅騰簡食不祥攬諸食咎伯起食夢強梁祖明共食磔死寄生委隨食觀錯斷食巨窮奇騰根共食蠱凡使十二神追惡凶赫女軀拉女幹節解女肉抽女肺腸女不急去後者爲糧此卽後漢書禮義志先臘一日大儺逐疫辰子所和之詞也

六月 十五日

俗稱流頭節作粉圖澆以蜜水食之號水團按高麗史熙宗卽位六月丙寅有侍御史二人與宦者崔東秀會于廣眞寺作流頭飲國俗以是月十五日俗髮東流水祓除不祥因會飲號流頭飲

伏

狗肉和葱白爛蒸入鷄笋更佳號狗醬或作羹調以番椒屑澆白飯食之發汗可以祛暑補虛按史記秦德公二年初作伏祠磔狗四門以禦蟲災磔狗卽伏日故事而今俗遂食之

端午

頒艾虎于閣臣用小梲纏束綵花簇簇如蓼穗又頒新扇號端午扇絕大者竹幅滿五十名白帖得此者多畫金剛一萬二千峰近俗喜寫折枝桃花蝴蝶芙蓉銀鯽鷺鷥按戒菴漫筆端午賜京官宮扇竹骨紙面俱畫翎毛五色線纏繞艾虎者是也

湖嶺蕃閫雄府致扇于朝列朋舊以金州南平縣制爲佳僧頭蛇頭有環無環外角內角潤沿狹沿制樣各殊俗喜白黑二色紅黃與婦人小兒青者新郞把之近有一種鵶青色扇俗尙之團扇着油或黑漆有似桐葉樣者男子在家則搖出門便捨婦人持諸色團扇

端午俗名戌衣日戌衣者東語車也是日作艾糕象車輪形食之故謂之戌衣日艾葉微圓皆白曝乾可碎作火絨又可爛擣入糕發綠色以其作車輪糕故號戌衣翠本草千年艾華人呼作狗舌草者是也按武珪燕北雜志遼俗五月五日勃海厨子進艾糕此東俗之所沿也

小兒女著紅綠新衣菖蒲湯類面又削菖蒲根作簪點朱砂揷髻號端午粧閻巷婦女盛爲秋千戲按宛署雜記燕都自五月一日至五日飾小閨女盡熊姸已出嫁之女亦各歸寧號是日爲女兒節我東與燕中不甚遠故風俗往往相襲

都下少年會于南山之麓與之角力其法兩人對跪各用右手挈對者之腰又各用左手挈對者之右股一時起立互擧而抴之有內句外句輪起諸勢中國人効之號爲高麗技又曰撩跤

四月 八日

延客設饌楡葉餅賣豆烹芹云是佛辰茹素又童子設盆水于燈竿下泛瓢用帚柄叩其背爲眞率之音號爲水鼓按張遠隩志京師俗念佛號者輒以豆識其數至四月八日佛誕生之辰賣豆微撒以鹽邀人于路請食之以爲結緣也今俗賣豆蓋昉於此又按帝京景物略元夕童子擊鼓旁夕向曉日太平鼓今俗水鼓似即太平鼓而以佛日爲燈夕故移用之也

人家點燈依子女多少以明亮爲吉燈竿縛大竹累十而成侈者馱致五江檣檜頭挿雉羽繫色幟或挿日月圈隨風眩轉鍾街列塵務尙高大張數十索邪許引起矮小者人皆嗤之是夕例弛夜禁觀燈者遍於南北麓或携簫鼓沿街縱觀按高麗史王宮國都以及鄕邑正月望燃燈二夜崔怡於四月八日燃燈又按高麗史國俗以四月八日是釋迦生日家家燃燈前期數旬羣童剪紙注竿爲旗周呼城中街里求米布爲其費謂之呼旗今俗燈挿竿幟者呼旗之遺也

燈名蒜蓮西瓜鶴鯉龜鼈瓶缸船鼓七星壽字類皆象形紙塗或用碧紗嵌雲母飾飛仙花鳥鼓燈多畫三國故事又有影燈裏設旋機剪紙作獵騎鷹犬虎鹿雉兔狀傳於機爲風炎所轉外看其形按東坡與吳君采書云影燈未嘗見與其見此何如一闋三國志耶此必以三國故事作影也又范石湖上元紀吳下節物俳體詩轉影騎縱橫註云馬騎燈蓋自宋時已有此制

芝峰類說云上元踏橋之戲始自前朝在平時甚盛士女駢闐達夜不止法官至於禁捕今俗婦女無復踏橋者矣

二月 初一日

當宁丙辰頒中和尺于宰執侍從尺用斑竹及紅染木制修中和節故事也

卸下上元禾竿作松葉夾餠饋奴婢如其齒數俗稱奴婢日東作伊始故饗此屬云

灑掃堂宇剪紙書香娘閣氏速去千里八字粘椽上閣氏者東語女子也香娘閣氏蓋指馬陸也惡而辟之之辭也

寒 食

都人上冢用正朝寒食端午中秋四名節寒食中秋最盛四郊士女綿絡不絕

重 三

朵杜鵑花揉糯米粉作團糕煎以芝麻油號花煎

不飼犬飼之則多蠅而瘦俗戲餓者爲上元犬

小兒春病懸瘠者上元乞百家飯騎曰對犬而坐與一匙自噉一匙不復病

束藥如藁狀冒竿首建屋傍張索把定稱禾積國朝故事正月望日大內象闕風七月耕穫狀分左右角勝

盖亦祈豊之意而閭巷亦其一事爾

果樹歧枝閣石子則果繁謂之嫁樹按徐光啓農政全書唯李樹用此法也

三門外阿峴人飛石相鬪於萬里峴上俗云三門外勝則畿內豊阿峴勝則諸路豊龍山麻浦惡少結黨救

阿峴方其酣鬪時喊聲動地破額折臂亦不悔也當部往往禁斷城中羣兒亦效而爲之行人皆畏石回避按

唐書高麗傳每年初聚戲浿水之上以水石相濺擲馳逐再三而止此爲東俗石戰之始

童子書厄字於紙鳶日暮斷送鳶制竹骨糊紙微似箕狀五色或碁斑猫眼鵲翎魚鱗龍尾名色特繁中國

風箏爲晚春之戲東俗自冬天至于上元且其飛法不住定一處縱橫掃盪與他相交以多割爲快合絲淬膠

淨如白馬尾或染梔黃淩風而吽者最善割甚者傳以磁末銅屑然在交法之能否都下少年有以善交爲噪

名者豪貴家往往延致每上元前一兩日水標橋沿河上下觀交鳶者簇如堵墻羣童候斷搶絲或追敗鳶踰

墻越屋人多怖駭過上元後不復飛鳶小兒用獨繭絲繫鵝毳順風而颺之號苦苦妹蒙古語鳳凰也

黃昏持炬登高謂之迎月以先見月者爲吉

月出後都人悉出鍾街聽鍾散踏諸橋云己脚病大小廣通橋及水標橋最盛是夕例弛夜禁人海人城簫

鼓喧轟按陸啓浤北京歲華記正月十五夜婦女俱出門走橋于奕正帝京景物略元夕婦女相率宵行以消

疾病日走百病沈榜宛署雜記十六夜婦女羣遊凡有橋處三五相率以過謂之度厄此則東俗踏橋所沿也

上元

糯米飯揉以棗肉柿餠蒸栗海松子更調蜂蜜芝麻油陳醬號藥飯爲上佳饌新羅舊俗也按東京雜記新羅炤智王十年正月十五日幸天柱寺有飛鳥警告于王射殺謀逆僧國俗以上元作糯米飯餇烏報賽

十四日夜結草偶號處容顱中藏銅錢羣兒終夜打門喚處容主人開門擲之羣兒得便搖曳破顱爭錢按文獻備考新羅憲康王遊鶴城東海龍率七子歌舞於駕前其一子隨駕入京名曰處容今掌樂院鄕樂部有處容舞是也俗信盲卜盲言日月及水星直命宮俱有災厄剪紙象日月鉗以木揷屋脊以紙裹飯夜半投井中禳之最忌處直星草偶棄于道可禳

童女佩旋木小葫蘆靑紅各一用綵絲爲綏上元夜半潛捐于道消厄

淸晨嚼栗或蘿葍祝曰一年十二朔無事太平謂之嚼癤又飮燒酒一盞令人耳聰按葉廷珪海錄碎事社日飮治聾酒今俗移於上元

士女凌晨猝然相呼諾之則曰賣吾暑百計呼之不肯答按陸放翁詩呼盧院落譁新歲買困兒童起五更註立春未明相呼賣春困今俗賣暑亦此類也

都城北門曰肅淸恒閉而不用澗壑淸幽上元前閭巷婦女三遊此門謂之度厄

繰木綿絲製衣吉祥婦女以上元絲相贈遺曉掘鍾閣十字街土傅竈財聚

食榮者凡瓜顱茄皮蘿葍之葉皆不棄徐徐曬乾以待上元烹食不病暑

人日

頒銅人勝于閣臣如小圓鏡有柄鏤仙人是日及重三重七重九皆設科取士曰節製

立春

畿峽六邑進葱芽山芥辛甘菜山芥者初春雪消時山中自生之芥也熱水淹之調醋醬味極辛烈宜於食肉之餘辛甘菜者蕾養當歸芽也淨如銀釵股夾蜂蜜嚼之甚佳

承政院抄啟侍從製進殿宮春帖子牌召提學命韻考第元日延祥詩及端午帖俱用是例

閭巷市井通用對聯壽如山富如海去千災來百福立春大吉建陽多慶國泰民安家給人足堯之日月舜之乾坤愛君希道泰憂國願年豐天下太平四方無一事國有風雲慶家無桂玉愁鳳鳴南山月麟遊北岳

風災從春雪消福逐夏雲興柳色黃金嫩梨花白雪香北堂萱草綠南極壽星明天上三陽近人間五福來掃地黃金出開門萬福來鷄呼新歲德犬吠舊年災門迎春夏秋多福戶納東西南北財六鳌拜獻南山壽九龍載輸四海珍門楣上單帖春到門前增富貴春光先到吉人家上有好鳥相和鳴一春和氣滿門楣一振高名滿帝都士大夫多用新製或揀古人佳語

吉牲牲徒升生事茫然牲牲个師魚吞釣鉤牲牲傑謙飛鳥遇人牲牲牲坤哥哥得弟
間巷婦女用白板橫駕藥枕上分立兩端激盪而跳數尺許環珮琤然以困頓爲樂號爲超板戲按周煌琉
球國記略其婦女舞於板上曰板舞與此相類國初琉球入朝抑或慕而效之者歟
緇徒負大鼓入街巷擂動謂之法鼓或展募緣文叩鈸念佛或荷米俗沿門唱齋又用一餠換俗二餠得
僧餠餇小兒以爲善痘當寧朝禁僧尼不得入都門城外尙有此風
男女一年梳頭用蠟紙俗貯退髮留梳函中必徒是日黃昏燒於門前按孫思邈千金力正月寅日燒白髮
吉元日燒髮昉於是
鬼名夜光夜入人家喜偸鞋鞋主不吉小兒畏之藏鞋滅燈早宿廳壁上懸篩夜光計其孔不盡鷄鳴乃去
云或言夜光者瘟鬼也當曰瘟光與夜東語相近也按此說非也夜光即藥王之音轉也藥王像醜故怖兒
使之早宿

亥子巳日

正月上亥爲豕日上子爲鼠日國朝故事宮中小宦數百聯炬曳地呼燻豕燻鼠燒穀種盛于囊頒賜宰執
近侍以眎祈年之意頒囊尋廢矣當寧御極復頒囊用錦製亥囊圓子囊長子日間巷亦炒豆呪云鼠嘴焦鼠
嘴焦亥日作豆屑澡面黑者漸白豕色黑故反取其義也巳日不理髮忌蛇入宅

似即葛周二將軍而世俗乃以傳奇中唐文皇時事傅會之爾
赤荊二條剖作四隻長可三寸許或小如半菽擲之號爲柶戲四俯曰牡四仰曰徒三俯一仰曰徒二俯二
仰曰个一俯三仰曰傑局畫二十九圈二人對擲各用四馬徒行一圈个行二圈傑行三圈牡行四圈牡行五
圈圈有迂捷馬有遲疾以決輸贏元日此戲最盛按柶說文云七也特取四木義謂之柶戲李晬光芝峯類說
以爲攤戲攤即樗蒲也柶戲者樗蒲之類也而不可便謂樗蒲也世俗元日又擲柶占新歲休咎凡三擲類說
六十四卦有繇辭徒徒乾徒見慈母徒个履鼠入倉中徒徒傑同人昏夜得燭徒徒牡无妄(牡與)蒼蠅
遇春徒个徒姤大水逆流徒个个訟罪中立功徒个傑遊飛蛾撲燈徒个牡否金鐵遇火徒央鶴失羽翮
徒个个兌飢者得食徒徒傑革龍入大海徒徒牡徒个困死者復生徒
徒个个徒萃貧人得寶个徒牡牡隨龜入笱中徒牡徒大過樹木無根徒牡个箭徒徒
牡傑咸寒者得衣徒牡个个徒大有日入雲中徒个徒个睽霖天見日个徒傑離弓矢羽箭个徒
牡傑个个徒鼎弱馬駄重个个未濟鶴登于天个个傑旅飢鷹得肉个个牡晋車無兩輪个徒
徒大壯嬰兒得乳个个歸妹重病得藥个个个豊蜊蝶得花个傑牡震弓得羽箭个个牡徒恒拜見疎賓个牡
个解河魚失水个牡傑小過水上生紋个个牡豫龍得如意傑牡傑小畜大魚入水傑徒个中孚炎天贈扇傑
徒傑家人鷙鷹無爪傑牡益擲珠江中傑个个徒巽龍頭生角傑个个渙貧而且賤傑个个傑漸貧士得祿傑个
牡觀猫兒逢鼠傑徒需魚變成龍傑傑个节牛得葛荳傑傑既濟樹花成實傑傑牡屯沙門還俗傑牡徒个
井行人思家个牡个个坎馬無鞭策傑牡傑寒个傑行人得路傑牡牡比日照草露傑徒徒大畜父母得子牡徒个損
有功無賞牡徒賁龍入深淵牡徒牡頤盲人直門牡个徒蠱暗中見火牡个个蒙人無手臂牡个傑艮利見
大人牡个牡剝角弓無弦牡傑徒泰耳邊生風牡傑个臨稚兒得寶牡傑明夷得人還失牡傑牡復亂而不

京都雜誌〔卷之二〕

儒州 柳 得 恭 惠甫 撰

歲時

元日

男女悉著新衣曰歲粧往拜親戚長者曰歲拜饋以時食曰歲饌酒曰歲酒歲酒不溫寓迎春之意婦女遣
靚粧少婢以吉語相問曰問安婢仕宦家置椠案於堂上司吏摺紙具名來置案上而去號歲啣按王錡寓圃
雜記京師風俗每正朝主人皆出賀惟置白紙簿並筆硯于几賀客至書其名無迎送也此即歲啣之始
粳米餠按摩成條候硬截薄如錢烹調雉肉胡椒屑爲歲饌之不可缺者至稱添齒者至爲餠湯第幾椀
按陸放翁歲首書事詩註鄕俗歲日必用湯餠謂之冬餛飩年饆飥
壽星仙女直日神將圖謂之歲畫又金甲二將軍像長丈餘一持斧一持節揭于宮門兩扇曰門排又絳袍
烏帽像揭重閣門戚里及閭巷亦得爲之畫隨門扇而小門楣又粘畫鬼頭俗以金甲者爲尉遲恭秦叔寳絳
袍烏帽爲魏鄭公按宋敏求春明退朝錄道家奏章圖天門守衞金甲人葛將軍掌旌周將軍掌節今之門排

京都雜誌〔卷之二〕 目錄

歲時

元日 240
亥子巳日 242
人日 243
立春 243
上元 244
二月初一日 246

寒食 246
重三 246
四月八日 247
端午 248
六月十五日 249
伏 249
中元 250

中秋 250
重九 250
十月午日 251
冬至 251
臘平 251
除夕 252

跋

江村長夏無以遣日偶記呂侍講在歷陽時遇節日休學團坐飲酒雜記歲時風俗事欣然有會于心遂倣其義例就本國謠俗所見聞者隨憶輒錄摽記銓次得八十餘事雖虞初齊諧鄙俚叢瑣不足以備大雅之觀使好音奇如楊子雲者見之鉛槧之摘或不在計吏衛卒下也然焚棄筆硯殊大不易比之杜五郎並書不知所在亦太多事矣書此以識吾媿己卯流頭日洌陽外史書

洌陽歲時記終

韓　成　潤　校

臘 日

國曆用冬至後第三未為臘以東方盛德在木也有事于太廟並四孟為五大享人家亦或祭先如朔朶節薦儀

內醫院及諸營門以臘日造諸種丸劑公私京鄉無不波及而清心元蘇合丸最有奇效燕京人以清心丸為起死神丹我使入燕自王公貴人無不聚首來乞往往不勝獗聒而傳方不能成與藥飯一般亦可異也或曰燕中無牛黃代用駞黃故雖依方造成而服之無靈未知信否

臘日所獲禽獸皆佳而黃雀利於老弱人家多張網捕之周禮羅氏中春羅春鳥以養國老周之中春今之十二月也鄭氏注春鳥今南郡黃雀之屬也

除 夕

人家軒閤廊廡門竈圊溷皆點燈達夜上下老幼限雞鳴不眠謂之守歲童稚因睡則嚇曰睡除夕雙眉白內醫院製辟瘟丹進御正朝早晨焚一炷方見東醫寶鑑歌曰神聖辟瘟丹留傳在世間正元焚一炷四季保平安閭巷間或盛絳囊佩之

十一月

冬至

觀象監進明年曆書御覽及頒賜上件皆粧續其次有靑粧曆白曆中曆月曆常曆等名色以紙品粧樣爲別京司各衙門預其紙物付本監印出長官與郎僚例分有差爲酬應鄕鄰之用吏曹胥吏分主搢紳諸家所主家自一名以上名屬銓郎者例呈靑粧曆一件李槎川秉淵詩曰吏送靑粧曆家傳赤豆粥辟鬼昉於中華不專爲國俗故玆不詳別

十二月

濟州古耽羅國也地產柑橘歲貢以至臘二月至京師頒賜舘學生下御題試取如節日製之例居首者賜第名曰黃柑製申恕庵靖夏詩曰諸道箋文同日至濟州柑橘二番來盖至日詠禁中事也貢柑之來値寒極則自上引見領貢人賜衣宣飯以示柔遠之意濟人覬望恩澤必候極寒而入城故柑製多在臘月

鷄爲饌又有果之品侈然滿盤爲之語曰加也勿減也勿但顧長似嘉排日士大夫家以上正朝寒食中秋冬至四名日行墓祭而正至或有不行者惟寒食中秋爲盛而寒食又不如中秋之盛柳子厚所謂邑隷傭丐皆得上父母丘墓者此日爲然

九月

楓菊時士女遊賞略似花柳而士大夫好古者多以重陽日登高賦詩

十月

二十日

江華海中有險礁曰孫石項方言謂山水險隘處謂項嘗有梢工孫石者以十月二十日寃死于此遂以名其地至今値是日多風寒栗烈舟人戒嚴居者亦謹備衣裘

故好事者爲之語曰三伏日雨如注報恩處子淚如雨

七月

中元

世傳新羅故俗王女率六部女子自七月既望早集大部庭績麻至八月十五日考功多少負者置酒食以謝勝者相與歌舞作百戲而罷故以七月望日爲百種節八月望日爲嘉排日或曰羅麗崇佛倣盂蘭盆供遺俗以中元日具百種花果供養祈福故以名其日二說未詳孰是今則惟存其名而並無其事然僧家以是日設齋薦先魂市井小民相聚讌飮以爲樂盖略沿舊習也

八月

中秋

嘉排之稱昉於新羅而是月也百物成熟中秋又稱佳節故民間最重是日雖窮鄕下戶例皆釀稻爲酒殺

十五日

麗羅時國人士女具酒食就東流水頭沐浴宴樂祓除不祥如古昔溱洧之俗故名其日曰流頭後來雖無此俗而沿為名節至今不改水團水角兒為時食盛饌水團者如元日拳摸而體差細切差厚塗米粉爲衣畧烹漉取人蜜水中調水啜之水角兒者磨小麥細篩去麩拌水分作小片用木椎子碾勻如手掌大老黃芷細切和豬牛雞肉加油醬諸味爛炒作餡捲合兩頭當中摺蹙略似饅頭形蒸熟蘸醋醬啖之

呂榮公歲時云端午作水團又名白團最精者名曰滴粉團張未（潛文）詩云水團冰浸砂糖裹天寶遺事云宮中每到端陽造粉團角黍貯於金盤中以小角弓架箭射粉團中者得食盖粉團滑膩難射也（此則乾團不入水者）據此則水團是中國端午日所設而吾東移設於流頭也

伏日

烹狗為羹以助陽黃豆粥以禳癘
俗謂棗樹以三伏日結子雨則不結青山報恩二邑地宜棗爲業千樹之園所在相望婚嫁衣食悉出其中

二監營及統制營軫端午造扇進御朝廷以上三營皆例餉有差得扇者又以分之親戚知舊塚人佃客故諺曰鄉中生色夏扇多曆統營所餉又有剪子烙鐵佩刀之等古者扇不摺疊班婕妤紈扇詩曰團團似明月古樂府有白團扇歌張敞走馬章臺街以便面附馬皆是物也永樂中朝鮮進摺疊扇帝命尙方照樣製之遂遍天下

十日

五月十日太宗恭定王忌辰也王在位二十二年(在位十八年總在上王漢爲憂日予當請于上帝乞一雨以惠吾民也綴衣甫出天果沛然下雨自是每値忌辰如期國人稱之曰太宗雨至宣祖壬辰前數歲稍不驗尋有島夷之亂人尤異之(王薨於永樂二十年壬寅至萬曆壬辰爲二百七十一年)近世以來雖不能每年必雨四五月之交例多亢旱田野小民猶詛指以須曰獻陵殿下庶幾顧我乎至是日而有雨則又莫不欣然相顧曰獻陵殿下果有靈矣於戲不忘之思四百年如一日猗歟盛哉位四年爲二十二年

六月

內醫院以季夏土旺日祀黃帝製玉樞丹進御內賜閣臣人三枚

繫于最上燈之頭次將一端繫于最下燈之尾徐徐挽上至鉤而止登高望之熠燿如滿天星宿燈有蒸茄花葉鳥獸樓臺之形種種色色難以具悉兒童就竿布席設榆葉餻鹽蒸豆覆瓠盆水中輪流考擊以爲樂名曰水缶中國燃燈用上元而東俗用四月八日其源出於竺教蓋以是日爲如來降期也

五月

端午

國人稱端午曰水瀨日謂投飯水瀨享屈三閭也地之相去萬有餘里世之相後千有餘年謠俗不改精爽如在何令人感慕至此也抑東人之懷賢好古別於他方如韓子所云燕趙之士出乎其性者耶

男女丱角者探菖蒲煎湯洗沐取根白四五寸洗淨令淨朱塗其端或挿或佩按人戴禮五月五日蓄蘭爲沐浴宋王沂公端午帖旋刻菖蒲要辟邪其所從來蓋遠矣

男女年少者爲鞦韆戲京鄉皆然而關西尤盛鮮衣美食相聚娛嬉與元朝略同

堂兄直學宅有先朝時端午所賜艾花一枝削木爲體長可七八寸博三分許自半以下漸殺至本而銳之今可簪上半兩面夾以菖蒲葉其博準體其長出體外少許對袖如甲析狀剪絳紵爲花縠其心貫至葉處中貼糊之令簪上牛兩面夾以菖蒲葉其博準體其長出體外少許對袖如甲析狀剪絳紵爲花縠其心貫至葉處中貼糊之令簪上斜縱過瓣繫束竟體蓋禁中故事而未詳其緣起何稽名物似兼艾長命縷二義而材料中不見所謂艾者亦可疑也放翁重五詩云衰甚猶簪艾一枝即此物也工曹及湖南嶺南

三 日

國俗重忌祭不重時祭未免夷陋至本朝中葉儒賢輩出士大夫多好禮者始以時祭爲重而大抵貧儉鮮能行四時祭止行於春秋二時而春用重三秋用重九者爲多

穀 雨

江魚之美者有貢脂焉大者尺許鱗細肌厚可膾可羹每以三月初溯流東上至渼陰而止穀雨前後三日爲最盛過此則消耗向盡江村人以占節氣早晚農巖詩云魚迎穀雨鱗鱗上是也或曰貢脂穀至之訛穀至者以穀雨至也

四 月

八 日

人家及官府市廛皆竪燈竿聯束竹木爲之高者十餘丈剪絲帛爲幟揷之竿杪幟下橫木爲鈎納繩鈎中垂其兩端于地至夕點燈多者十餘少者三四人家則皆以童稚口數爲準層累相啣如貫珠狀先將繩一端

三月

京城花柳盛於三月南山之蠶頭北岳之弼雲洗心二臺爲遊賞湊集之所雲攢霧簇盡一月不衰洗心臺宣禧宮之後麓也辛亥暮春先王展拜毓祥宣禧二宮以步輿御是臺率耆老近密諸臣射侯賦詩自是歲以爲常蓋二宮及英宗舊御邸皆在岳下故聖意視此一區如豐沛南陽父老士女莫不引領瞻幸藹然有靈臺沜水之風乙卯春則又招朝士儒生之居在臺下者令賡歌以進命內閣合辛亥以後上下篇印成一帙進御諸生亦得頒賜御製詩有曰兩山眞一戶千樹亦同園一時傳誦以爲太平盛事

先王倣宋朝故事以三月率內閣諸臣設賞花釣魚宴於後苑癸丑春以蘭亭舊甲爲曲水流觴之會命諸臣子弟與焉並承旨史官以備三十九人之數昇遐後五年甲子臣忝閣職肅拜奉謨堂仍行春節大奉審曝皆有窩四部書時苑中百花盛開老吏前導者指所歷池臺亭榭曰此先王宴閣臣處也竚立瞻望有珠簾羽帳之感

寒食

內兵曹鑽柳取火進御頒于禁中諸司大臣家周禮夏官司爟掌火令

二月

二三月之交風雨淒冷如冬令俗稱花妬娟諺曰二月風打破大甕花妬娟未老死凍

朔 日

先朝丙辰仲春朔日頒公卿近臣尺修中和節故事御題詩曰頒尺中和節紅泥下九重裁來五色線許爾補山龍尺比行用布帛尺差短

六 日

農家以初昏目昴宿去月遠近以占歲事並行及差前尺寸以內爲吉若先後太遼則謂歲將儉幼少不見收哺也驗之頗中

東俗謂蜜爲藥故蜜飯曰藥飯蜜果曰藥果世傳新羅炤智王感烏告射琴匣之異作以飼烏遂爲土風云聞譯人言我使赴燕値上元必令甕人設此燕中貴人得而嘗之莫不變色大驩百味盡廢傳其方不得成烏告之說雖甚荒誕中國無是物則起於土風似不誣也近閱唐韋巨源食譜有曰油畫明珠注云上元油飯揔好飯材料而約言之必將日油飯畫者丹漆錯也明珠者潤麗色也意藥飯故是中國物而傳于東自新羅始有事者從而傳會耳然則中國之昔有而今無何也曰周魯無禮制而官紀於鄹河洛無絃誦而儒興於閩物固有然者豈獨藥哉

清晨飮酒一盞曰明耳酒嚼栗三箇曰咬瘡果

凌晨汲井華水一器謂之撈龍子淨紙裹白飯投水謂之魚鼈施

兒童以十月初男放紙鳶女佩木雕小葫蘆三枚至上元夜鳶飄于空葫蘆捐之道各繫一文錢名曰防厄

上元夜踏過十二橋謂之度厄自卿宰貴人以至委巷庶民除老病外無不畢出與馬杖羉塡塞街坊笙簫壼檻所在成聚一年中都邑遊觀之盛惟上元與四月八日爲最此兩夜每降旨弛禁農家初昏束

炬點火成羣向東而走謂之迎月月旣上視其輪色占歲美惡車五山天輅詩曰農家正月望相候月昇天近

北豊山峽差南穩海邊赤疑焦草木白怕漲川淵圓滿中黃色方知大有年

農人取蜀黍莖中剖之一邊鑿小竅十二每竅納叔一枚分標十二月一邊相對鑿敦如其數復合而封之

投水中一宿而出啓視燥濕卜本月潦旱謂之潤月

用海衣馬蹄茱之屬包飯而喫以多爲貴名曰縛苦亦祈穀之意也

正朝上元人家祭先羌飣者以烈酒和糯米粉搗搏作餠細切待乾用油浴煎即浮起圓大形
如蠒蠒沃以餳炒白胡麻衣之(或用炒)周禮酏食疏云以酒酏爲餠若今起膠餠疑即羌飣之類東萊祭式有
元日薦蠒之文楊誠齋上元詩曰麝䑋宮樣陪公讌粉蠒鄕風憶故園粉蠒者今之羌飣也(饂蒸餠也)

人日

工曹進花勝又鑄銅如圓毬狀上刻人形名曰銅人勝殿宮各進一枚
正月人日三月三日七月七夕九月九日下御題于成均館試取上齋生以大臣及兩館提學爲讀券官詣
榻前科次居首者往往賜第其餘頒賞有差名曰節日製並四學生許赴謂之通方外

上亥日

婦女以上亥日作澡豆諺曰豕日作豆鼠日盛飾出

上元

粘稻米畧蒸爲飯拌油蜜豉醬棗栗取肉細切收之多寡視米再蒸爛熟薦祖羞賓鄰里相饋遺名曰藥飯

謂之冬餛飩年餺飥疑即此物也

僧人候除夕夜半到人家門外高聲請齋米次守歲者方裸坐諠譁不覺更闌闠此聲則相顧曰歲巳新矣先王初元禁僧尼不得入都城故此風遂絕到鄉村間或有之

禁中宮殿近處各放砲三響外邑官府則優人着傀儡假面鳴鑼揮（揮一作）棒呵喝作驅逐狀回旋數匝而出蓋辰儺遺法也

五禮儀正朝至日皆御殿受賀而臨時禀旨輒停蓋本朝家法以謙儉相承著其文以存禮制畧其實以從簡質此漢唐以來中朝之所不及也

先朝每於元朝下御製勸農綸音于八道觀察使四都留守蓋東京以立春日下寬大書之意也

自元日至三日承政院不入各房公事內外衙門不開坐市廛閉扃空公卿家不許輒通門剌農嚴詩曰朱門賓剌留三日翠勺屠蘇起少年（按四民月令云進酒大第當從小起以年少者先起）

男女老少皆着新套衣服日歲庇廕遍謁親戚鄰里長老曰歲拜客至設酒肉飴之曰歲饌

歲後數三日都中士女往來穰穰靚粧袨服交暎阡陌塗遇所識輒笑嘻嘻道新歲太平舉吉慶事以相賀

如添丁進祿除憂病獲錢粲之類各視其人所望謂之德談高祖考新歲詩曰都人士女途中賀是日顏色兩敷腴

圖畫署進歲畫金甲神將貼宮殿門仙人雞虎貼照壁或頒賜戚畹近臣家

禁中以亥子二日裁各色綾緞造佩囊穿結襚組下作流蘇栩栩如大蝴蝶正朝候班近臣卿宰例得頒賜

其來甚久而莫省所以或曰亥子居十二辰終始以是日造囊者囊括一歲福祿之意也

洌陽歲時記

安東 金邁淳 撰
坡平 尹穧閔

正月

立春

閭閻市廛皆剪紙寫立春貼之柱楣或代以詩詞道祝釐之意如宮殿春帖子之例
農家以立春日採宿麥根占歲美惡三歧以上爲豐兩歧爲中熟單根不歧則爲歉

元日

好稻米作末細篩淸水拌勻熟置木板上用杵爛擣分作小段摩轉作餠體團而長如八梢魚股名曰拳模
先作醬湯候沸將餠細切如錢形投之以不粘不碎爲佳或和以猪牛雉鷄等肉除夕夜半家人計口喫一椀
名曰餠湯閭閻間兒少年齒輒曰今喫餠湯幾椀放翁歲首詩云中夕祭餘分餺飥註鄕俗歲日必用湯餅

洌陽歲時記 目錄

正月 ... 224
立春 ... 224
元日 ... 224
人日 ... 226
上亥日 ... 226
上元 ... 226
二月 朔日 ... 228
六朔日 ... 228
三月 ... 229
寒食 ... 229
三日 ... 230

穀雨 ... 230
四月 八日 ... 230
五月 端午 ... 231
六月 十日 ... 232
伏 五日 ... 233
七月 ... 233
中元 ... 233
八月 ... 234

九月 ... 234
中秋 ... 234
十月 ... 235
十一月 冬至 ... 236
十二月 ... 236
臘日 ... 237
除夕 ... 237
跋 ... 238

有慶赦別歲抄入啓盖出跼蕩之典也

關西海西兩節度例送歲饌於朝紳暨親知家各道藩閫守令亦歲饋之例書緘中另具小摺紙列錄土產諸種謂之聰明紙各司胥隷亦有以生雉乾柿等物饋問於所親家按周處風土記蜀俗歲晚歲相饋問謂之饋歲又按東坡詩置盤巨鯉橫發籠雙兎臥此風自古而然矣

丁壯年少者以蹴鞠爲戲如大彈丸上揷雉羽兩人對立脚勢相交以連蹴不墜爲善技按劉向別錄寒食蹴鞠黃帝所造或云起於戰國之時乃兵勢也一曰白打今俗沿于此而自今爲始至歲時尤盛

高城俗郡祀堂每月朔望自官祭之以錦緞作神假面藏置堂中自臘月念後其神下降於邑人着其假面蹈舞出遊於衙內及邑村家迎而樂之至正月望前神還于堂歲以爲常盖儺神之類也

閏月

俗宜嫁娶又宜裁壽衣百事不忌

廣州奉恩寺每當閏月都下女人爭來供佛置錢榻前竟月絡繪謂如是則歸極樂世界四方婆媼奔波競集京外諸刹多有此風

東國歲時記終

崔誠愚校

謂之照虛耗士庶之家圍爐團坐達朝不寐謂之守歲又按東坡記蜀俗云酒食相邀呼爲別歲除夜不眠爲守歲今俗昉於此

諺傳除夜睡兩眉皆白小兒多見瞞不睡或有睡者他兒以粉抹其眉攪使對鏡以爲戲笑

赤荊二條剖作四隻名曰柶長可三寸許或小如菽擲而賭之號爲柶戲四俯四仰日牟四仰日流三俯一仰日徒二俯二仰日開一俯三仰日杰局畫二十九圈二人對擲各用四馬徒行一圈開行二圈杰行三圈流行四圈牟行五圈圈有迂捷馬有疾徐以決輸贏歲時此戲最盛按柶說文云七也特取四木之義謂之柶又按芝峯類說以爲攤戲即樗蒲也柶戲者便是樗蒲之類也世俗除夜元朝以柶擲卦占新歲休咎占法配以六十四卦各有繇辞九三擲如兒得乳鼠入倉之類則吉或云三擲內初擲觀舊歲至歲初上元連擲觀之

閭巷婦女用白板橫置藁枕上對踏兩端相升降而跳數尺許以困頓爲樂謂之女跳板戲至歲初如之按周煌疏球國記略其婦舞於板上曰板舞與此俗相類

關北俗設冰燈如圍柱中安油炷以達夜鳴鉦鼓吹喇叭設儺戲號靑壇關西俗亦設冰燈諸道州邑皆以其俗行年終之戲

義州俗閭里放紙砲效燕京之俗也

月內 雜事

朔日自選部抄啓朝官中罷削人名曰歲抄點下者叙用或減等六月朔亦然盖因大政在於六臘故也因

臘黑帝以辰臘我國臘用未盖以東方屬木云

內醫院造丸劑各種以進名曰臘藥頒賜近密淸心元主懣塞安神元主熱蘇合元主癨三種爲最要健陵庚戌新製濟衆丹廣濟丸二種寔出睿思比蘇合元效尤速頒示諸營門俾爲軍卒救療又耆老所造臘劑分諸者臣各司亦多造出分供又相送遺

臘肉用猪用兎畿內山郡舊貢臘猪發民搜捕健陵特罷之以京砲手獵龍門祝靈諸山以進又捕黃雀飼小兒善痘閭巷間是日張羅挾彈又許放銃以捕之

臘雪取水爲藥用漬物則不生蛀

除　夕

朝官二品以上及侍從之臣詣闕舊歲問安士夫家謁廟年少者歷訪姻親長老曰拜舊歲自昏至夜街巷行燈相續不絕

闕內自除夕前日發大砲號年終砲放火箭鳴鑼鼓卽大儺驅疫之遺制又倣除夕元朝爆竹驚鬼之制也

按燕京歲時俗記除夕之風而我國只於禁中行之

自除夕前一二日弛牛禁諸法司藏牌至正朝而止爲都民歲肉一飽之意而或不行

人家樓廳房厨皆張油燈白磁一盞紫絮爲心以至廐溷晃如白晝達夜不睡曰守歲卽守庚申之遺俗也

按溫革碎瑣錄除夜神佛前及廳堂房溷皆明燈至曉主家室光明又按東京夢華錄都人至年夜竈裏點燈

州最盛多春進供魚魟來泊京江即遍市上魚商沿街叫賣統營則有甲生鱖大口魚亦爲進上並以封餘例

饋卿宰

濟州牧進貢橘柚柑子薦于太廟頒賜宮掖近侍之臣昔耽羅星主貢獻時稱賀設科本朝因之試太學四學儒生頒柑科名曰柑製考取如節製之例居魁者必賜第

湖西洪州合德池每年多有龍耕之異自南而北縱而薄岸則歲穰自西而東徑斷其腹則荒或西或東或南或北橫縱不整則荒穰半農人推之來歲輒驗嶺南密陽南池亦有龍耕以驗年事

用蕎麥麵沈菁葅菘葅和猪肉名曰冷麵又和雜菜梨栗牛猪切肉油醬於麵名曰骨董麵關西之麵最良按羅浮頴老取諸飲食雜烹之名曰骨董羹骨董雜之義也今之雜麵類此江南人好作盤遊飯鮓脯膾炙無不埋在飯下此即飯之骨董而自古已有此食品也取蔓菁根小者作葅名曰冬沈以乾柿沉熟水和生薑海松子名曰水正果皆多節時食也用蝦鹽汁侯淸沈蔓菁菘蒜薑椒靑角鰒螺石花石首魚鹽作雜葅儲陶甕和淹經多辛烈可食又以蔓菁菘芹薑椒沈醬葅食之

十二月

臘

本朝用冬至後第三未日置臘行廟社大享按芝峯類說引蔡邕之說靑帝以未臘赤帝以戌臘白帝以丑

十一月

冬至

冬至日稱亞歲煑赤豆粥用糯米粉作鳥卵狀投其中爲心和蜜以時食供祀灑豆汁於門板以除不祥按荊楚歲時記共工氏有不才子以冬至死爲疫鬼畏赤小豆故冬至日作粥以禳之劉子翬冬至日詩云豆糜厭勝憐荊俗今俗亦然

觀象監進曆書頒黃粧白粧于百官安同文之寶諸司皆有分兒各司吏胥又有遍問所親之例吏曹吏各於仕宦家有勾管掌寫告身者若出宰則給堂叅錢故例獻靑粧一卷盖都下舊俗端午之扇冬至之曆吏謂于官是謂夏扇冬曆波及鄕曲親知墓村農庄

內醫院以桂椒糖蜜用牛皮煑成凝膏名曰煎藥以進各司亦有造出分供者

月內雜事

薦靑魚于太廟卿士家亦行之按禮記月令季冬之月天子嘗魚先薦寢廟國制亦然有靑魚之產統營海

乃灸臠於爐中團坐飲啗謂之煖爐又按東京夢華錄十月朔有司進煖爐炭民間皆置酒作煖爐會今俗亦然

用蕎麥麵造饅頭包以蔬葱雞猪牛肉豆腐爲餡醬湯熟食又以小麥麵作三稜樣稱卞氏饅頭盖始於卞氏而得名也按事物記原諸葛公之征孟獲人曰蠻俗必殺人以其首祭則神享爲出陰兵公不從因雜用羊豕之肉而包之以麵象人頭以祀神亦享焉而爲出兵後人由此爲饅頭入籠而蒸故亦曰蒸餠籠餠正所食必令縮葱加肉者是物也又有粳餠雉肉羹曰軟泡泡是豆腐而始自淮南王也按放翁詩洗釡羹黎祈爲饌饍佳品用豆腐細切成串油煑調鷄肉作羹曰艾湯又搗入糯米粉作團餻以熟豆註蜀人以豆腐謂黎祈今之軟泡即此採多艾嫩芽調牛肉鷄卵作羹曰艾糰子又糯粉和蜜粘之曰艾糰子又糯粉成團餻用熟豆和蜜發紅色曰蜜團餻皆自初冬爲時食也

用糯米粉酒拌切片有大小晒乾煑油起酵如繭形中虛以炒白麻子黑麻子黃豆青豆粉用飴粘之名曰乾飣按藍田呂氏家品名元陽繭者即是物也又按餠飣開談饊餠以豆屑雜糖爲之又以胡麻着之名胡餅麻餠亦類此也自是月爲時食市上多賣之又有五色乾飣又以海松子粘附松子屑塗粘曰松子乾飣炒糯稻起作花樣飴粘曰梅花乾飣有紅白兩色至于正朝春節人家祭品衆用果列亦以歲饌供客而爲不可廢之需

都俗以蔓菁蒜薤椒擣沈菹于陶甕夏醬冬菹即人家一年之大計也

報因俗俗離山頂有大自在天王祠其神每年十月寅日下降于法住寺山中人設樂迎神以祠之留四十五日而還（見與地勝覽）

十月

午日

午日俗稱馬日作赤豆甑餅設廐中以禱神祝其馬健丙午日則不用丙與病音相似忌馬病也以戊午日為貴

月內雜事

內醫院造牛乳酪以進自十月朔日至正月又自耆老所造酪以養諸耆臣至正月上元而止

人家以十月為上月邀巫迎成造之神設餅果祈禱以安宅兆

二十日每年有大風寒謂之孫石風蓋麗王由海路入江華舡人孫石進舟入一險口麗王疑怒命斬之未幾脫險至今稱其處曰孫石項孫石之被害即是日而怨氣使然也

都俗熾炭於爐中置煎鐵灸牛肉調油醬雞卵葱蒜番椒屑圍爐啗之稱煖爐會自是月為禦寒之時食即古之煖暖會也又以牛猪肉雜菁菰葷菜雞卵作醬湯有悅口子神仙爐之稱按歲時雜記京人十月朔沃酒

月內 雜事

十六日湖西鄕俗以角力戲設酒食爲樂盖因農歇息力而然也每年如之
賣酒家造新稻酒賣餅家造早稻松餅菁根茹飯餅又蒸糯米粉打爲餻以熟黑豆黃豆芝麻粉粘之名
曰引餅以賣之卽古之粢餻漢時麻餅之類也蒸糯米粉成團餅如卵用熟栗肉和蜜附之名曰栗團子按歲
時雜記二社重陽以栗爲餻今俗昉于此又有土蓮團子如栗團子之法皆秋節時食也

九月

九 日

採黃菊花爲糯米餻與三日鵑花餻同亦曰花煎按西京雜記漢武帝宮人賈佩蘭九日食餌方言餌謂之
餻又按孟元老東京夢華錄都人重九以粉麵蒸餻相遺今之菊餻盖沿于此細切生梨柚子與石榴海松子
澆以蜜水名曰花菜並以時食供祀
都俗登南北山飮食以爲樂盖襲登高之古俗也靑楓溪後凋堂南北漢道峯水落山有賞楓之勝

卿士家薦早稻多因朔望行之

八月

秋夕

十五日東俗稱秋夕又曰嘉俳肇自羅俗鄉里田家爲一年最重之名節以其新穀已登西成不遠黃鷄白酒四隣醉飽以樂之

慶州俗新羅儒理王時中分六部爲二使王女二人各率部內女子分朋秋七月旣望每日早集大部之庭績麻乙夜而罷至八月望考其功之多少負者置酒食以謝勝者於是歌舞百戲皆作謂之嘉俳是時負家一女起舞歎曰會蘇會蘇其音哀雅後人因其聲而作歌名會蘇曲國俗至今行之(見輿地勝覽)

濟州俗每歲八月望日男女共聚歌舞分作左右隊曳大索兩端以決勝負索若中絕兩隊仆地則觀者大笑以爲照里之戲是日又作鞦韆及捕鷄之戲(見輿地勝覽)

七月

七夕

人家曬衣裳蓋古俗也

中元

十五日東俗稱百種日僧徒設齋供佛爲大名節按荆楚歲時記中元日僧尼道俗悉營盆供諸寺院又按盂蘭盆經目連比邱具五味百果以著盆中供養十方大德今所云百種日似指百果也高麗崇佛是日每爲盂蘭盆會今俗設齋是也

國俗以中元爲亡魂日蓋以閭閻小民是夜月夕備蔬果酒飯招其亡親之魂也李東岳安訥有詩云記得市塵蔬果賤都人隨處薦亡魂

湖西俗以十五日老少出市飲食爲樂又爲角力之戲(見輿地勝覽)

三伏

烹狗和葱爛蒸名曰狗醬入鷄笋更佳又作羹調番椒屑澆白飯爲時食發汗可以祛暑補虛市上亦多賣之按史記秦德公二年初作伏祠磔狗四門以禦蟲災磔狗卽伏日故事而今俗因爲三伏佳饌

煑赤小豆粥以爲食三伏皆如之

月內雜事

薦稷黍粟稻于太廟按禮記月令仲夏之月農乃登黍天子嘗黍先薦寢廟孟秋之月農乃登穀天子嘗新先薦寢廟國制亦然

頒氷于各司造木牌俾受去於凌室

以小麥造麵調靑菜鷄肉澆白麻子湯又用甘藿湯調鷄肉以麵點水熟而食之又以南苽同猪肉切白餅爛烹或入乾鮑魚頭同烹又以小麥麵拌南苽切片油烹皆爲夏月時食眞率之饌甜苽西苽爲滌暑之需東都菜果七牌魚鮮是時最盛

天然亭荷花三淸洞蕩春臺貞陵水石觴詠者多集于此以倣河朔之飮都俗又於南北溪潤爲濯足之遊

晋州俗是月晦日士女出江邊爲陷城袚除遠近來會觀者如市蓋昔倭亂以是日陷城故也歲以爲常

初伏薦麥苽于祖禰國制亦然
都俗以燻豆調鹽沉醬于陶甕爲過多之計百忌日辛不合醬忌辛日

六月

流頭

十五日東俗稱流頭日按金克己集東都遺俗六月望日浴髮於東流水祓除不祥因爲禊飮謂之流頭宴國俗因之爲俗慶州尙有此風焉蒸粳米粉打成長股團餠細切如珠澆以蜜水照氷食之以供祀名曰水團又有乾團不入水者卽冷餡之類或用糯米粉爲之按天寶遺事宮中每端午造粉團角黍釘金盤中以小角弓架箭射中粉團者得食又按歲時雜記端午作水團又名白團最精者名滴粉糰又按張文潛詩云水團永浸破糖裏古人以角黍粽爲端午節物相饋送盖此類而角與團異形也今俗移於流頭以小麥麵溲而包豆荏和蜜蒸之曰霜花餠又碾麵而油煮包荏餡或包豆荏和蜜爲餡巷摺異形名曰連餠又鏶作葉形包荏餡籠蒸浸醋醬以食之並以時食亦供祀按放翁詩拭盤堆連展註淮人以麥餌謂連展似此類也
用小麥麵造如珠形名曰流頭麯染五色聯三枚以色絲穿而佩之或掛於門楣以禳之

端午俗名戌衣日戌衣者東語車也是日採艾葉爛擣入粳米粉發綠色打而作餻象車輪形食之故謂之戌衣日賣餠家以時食賣之本草千年艾華人呼作狗舌草是也艾葉之背白者曝乾碎作火絨亦號戌衣草

按武珪燕北雜志遼俗五月五日勃海厨子進艾餻東俗似沿於是

午時採益母草稀薟曬爲藥用又嫁棗樹按花曆新栽嫁棗宜於端午日午時又端午五鼓以斧斫諸果木數下結實多今俗昉此

金海俗每歲自四月八日兒童輩聚習石戰于城南至端午日丁壯畢會分左右竪旗鳴鼓呌呼踊躍投石如雨決勝負乃已雖至死傷無悔守令不能禁(見興地勝覽)

金山俗端午日羣少會於直指寺爲角力戲遠近咸聚以賭勝負閙風而觀光者以千百計歲以爲常

軍威俗孝靈西岳金庾信祠俗稱三將軍堂每歲端午縣首吏率邑人以驛騎旗鼓迎神遊於村巷(見興地勝覽)

三陟俗邑人盛烏金簪小函藏於治所東隅樹下每遇端午吏人取出奠而祭之翌日還藏諺傳高麗太祖時物然未審其所以祭之之意遂成故事官亦不禁(見興地勝覽)

安邊俗霜陰神祠諺傳宣威大王夫人每以端午迎宣威並祭之(見興地勝覽)

月內雜事

初十日太宗忌辰每年必雨謂之太宗雨太宗臨薨敎世宗曰旱災方甚死若有知必使是日得雨後果然

薦大小麥苽子于太廟卿士家亦行之按禮記月令孟夏之月農乃登麥天子嘗麥先薦寢廟又按崔寔月令

扇記其俗也

觀象監朱砂搨天中赤符進于大內貼門楣以除弗祥卿士家亦貼之其文曰五月五日天中之節上得天祿下得地福蚩尤之神銅頭鐵額赤口赤舌四百四病一時消滅急急如律令按漢制有桃印以止惡氣抱朴子作赤靈符皆端午舊制而今之符制盖出於此

內醫院造醍醐湯進供又製玉樞丹塗金箔以進穿五色佩之禳灾頒賜近侍按風俗通五月五日以五綵絲繫臂者辟鬼及兵名長命縷一名續命縷一名辟兵繒今俗之佩丹盖此類也

男女兒童取菖蒲湯類面皆着紅綠新衣削菖蒲根作簪或爲壽福字塗臙脂於其耑遍揷頭鬢以辟瘟號端午粧按大戴禮五月五日蓄蘭爲沐浴又按歲時雜記端午刻菖艾爲小人或胡蘆形帶之辟邪今俗之浴蒲揷菖盖昉於是又按宛署雜記燕都自五月初一日至五日飾小閨女盡態極姸已出嫁之女亦各歸寧號是日爲女兒節東俗與燕相近其靚粧似襲燕風也

閭巷男女盛爲鞦韆戲按古今藝術圖北方戎狄至寒食鞦韆戲以習輕趫後中國女子學之又按天寶遺事宮中至寒食節競架鞦韆呼爲半仙之戲今俗移於端午

丁壯年少者會於南山之倭塲北山之神武門後爲角力之戲以賭勝負其法兩人對跪各用右手挈對者之腰又各用左手挈對者之右股一時起立互擧而抨之倒臥者爲負有內局外局輪起諸勢就中力大手快屢賭屢捷者謂之都結局中國人效之號爲高麗技又曰撩跤端午日此戲甚盛京外多爲之按禮記月令孟冬之月乃命將帥講武習射御角力今之角戲即此而乃兵勢也又按張平子西京賦程角觝之妙戲在漢時亦有之與此相類

五月

端午

頒艾虎于閣臣用小稭纏束綵花蕀蕀如蓼穗按歲時雜記端午以艾爲虎形或剪綵爲小虎粘艾葉以戴之國制昉於此

工曹造進端午扇頒于宮掖宰執侍從頒扇之絕大者竹幅白矢滿五十四十名曰白貼着漆者名曰漆貼得此者多畫金剛一萬二千峯或爲倡巫所把近俗喜寫折枝桃花芙蓉蝴蝶銀鯽鷥鷺按戒菴謾筆端午賜京官宮扇竹骨紙面俱畫翎毛五色綿纏繞艾虎者是也湖南嶺南兩道伯及統閫進上節扇例送於朝紳暨親知間造扇邑守令亦有進上贈遺全州南平之制爲佳僧頭魚頭合竹斑竹外角內角三臺二臺竹節丹木彩角素角廣邊狹邊有環無環製樣各殊五色及紫綠鴉靑雲暗石磷等諸色無不備爲俗尙白黑二色黃漆黑兩貼及着油者靑爲新郞素爲喪人小兒所把團扇有五色又有五色交貼斑爛者有似桐葉蓮葉蓮花蕉葉者或着油或黃黑漆斑色扇爲婦女兒童所持又有色紙竹幅潤大爲輪扇有柄張之如傘又作小兒遮陽之具又以斑竹皮色綃紗飾珠貝爲新婦遮面之具或倣大蕉葉形亦爲大臣儀飾之物又有商買扇賣買者精麄巧樸不一其制中國人稱高麗人多執

俳體詩轉影騎從橫註云馬騎燈盖自宋時已有此制也市燈所賣千形百狀五彩絢爛重價衒街奇鍾街上觀者如堵又造鸞鶴獅虎龜鹿鯉鼈仙官仙女跨騎之狀羣童競買而弄玩至燃燈之夕例弛夜禁士女傾城初昏遍登南北麓觀燈或携管絃沿街而遊人海火城達夜喧闐鄕外村婆提挈爭來必登鼇頭觀之兒童各於燈竿下設石楠葉甑餅蒸黑豆烹芹菜云是佛辰茹素延客而樂又泛瓢於盆水用帚柄叩而爲眞率之音謂之水缶戲按張遠隩志京師俗念佛號者輒以豆識其數至四月八日佛誕生之辰煑豆微撒以鹽邀人于路請食之以爲結緣也今俗煑豆盖昉於此又按帝京景物略元夕童子搥鼓旁夕向曉曰太平鼓今俗水缶似是太平鼓之意而以佛日爲燈夕故移用之也

月內雜事

賣餅家用糯米粉打成一片累累起酵如鈴形以酒蒸溲豆餡和蜜入於鈴內粘棗肉於鈴上名蒸餅有靑白兩色靑者用當歸葉屑也按藝苑雌黃寒食以麵爲蒸餅樣圍棗附之名曰棗餻今俗沿于是又不起鈴而蒸片食之採黃薔薇花作饘油煎以食如三日花煎以魚鮮細切熟之雜芷榮菊葉蔘芽石耳熟鰒鷄卵名曰魚榮又厚切作片包肉餡而熟之名曰魚饅頭幷和醋醬食之以萵芹和葱作膾調椒醬爲酒肴食之皆初夏時食也

女娘及小童皆以鳳仙花調白礬染指甲

熊川俗熊山神堂土人每四月迎神下山陳鍾鼓雜戲遠近爭來祭之十月又如之以爲常（見輿地勝覽）

四月

八日

八日即浴佛日東俗以是日燃燈謂之燈夕前數日人家各竪燈竿頭建雉尾色帛爲旗小戶則竿頭多結老松計家內子女人口懸燈以明亮爲吉至九日乃止侈者縛大竹累十又馱致五江檣桅而成棚或挿日月圈隨風眩轉或懸轉燈往來如走丸或紙包火藥而繋於索衝上如乘機箭火脚散下如雨或繋紙片幾十把飄揚如龍形或懸筐笐或作傀儡被以衣裳繋索而弄之列廛之棚務勝觀高張數十索邪許引起矮少者人皆嗔之按高麗史王宮國都以及郷邑正月望燃燈二夜崔怡於四月八日燃燈上元燃燈本是中國之制而麗俗今已廢矣又按高麗史國俗以四月八日是釋迦生日家家燃燈前期數旬羣童剪紙注竿爲旗周呼城中街里求米布爲其費謂之呼旗今俗燈竿揭旗者呼旗之遺也必以八日肇自崔怡也燈名西苽蒜子蓮花七星五行日月毬船鍾鼓樓閣欄干花盆轎子山樔瓶缸鈴卵龍鳳鶴鯉龜鼈壽福太平萬歲南山等字燈皆象形紙塗或用紅碧紗嵌雲母飾飛仙花鳥面稜稜皆粘三色卷紙片紙旒旋翩翻鼓燈多畫將軍騎馬三國故事又有影燈裏設旋機剪紙作獵騎鷹犬虎狼鹿獐雉兎狀傳於機爲風炎所轉外看其影按東坡與吳君采書云影燈未嘗見與其見此何如一閱三國志耶此必以三國故事作影也又按范石湖上元吳下節物

多集于此

京外武士及里民張侯分耦爲射會以賭勝負飮酒爲樂次節亦然

女娘採取靑草盈把者作髻剖木而加之着以紅裳謂之閣氏設褥席枕屛爲戲

兒童折柳枝作鶯篥以吹之謂之柳笙

江陵俗敬老每値良辰請年七十以上會于勝地以慰之名曰靑春敬老會雖僕隷之賤登七旬者皆許赴會(見輿地勝覽)

慶州俗自春以四時遊賞之地爲四節遊宅春東野宅夏谷良宅秋仇知宅冬加伊宅(見輿地勝覽)

南原俗州人當春會于龍潭若栗林飮酒射侯以爲禮(勝覽)

龍安俗邑人當春節辦具爲鄕飮酒禮年八九十者一位六七十者一位五十以下一位序以齒令人讀誓文曰父母不孝者黜兄弟不和者黜朋友不信者黜誹謗訕朝政者黜非毀守令者黜一日德業相勸二日過失相規三日禮俗相成四日患難相恤凡同鄕之人各盡孝友忠信咸歸于厚讀訖俱再拜以行佽射之禮秋節又如之(見輿地勝覽)

濟州俗每於春節男女羣聚廣壤堂遮歸堂具酒肉祭神又地多蛇虺蜈蚣若見灰色蛇則以爲遮歸之神禁不殺秋亦如之(見輿地勝覽)

淸安俗三月初縣首吏率邑人迎國師神夫婦於東面長鴨山上大樹入于邑內用巫覡具酒食錚鼓喧轟行神祀於縣衙及谷廳至廿餘日後還其神於樹而間二年行之

月內雜事

造菜豆泡縷切和猪肉芹苗海衣用醋醬衝之極涼春晚可食名曰蕩平菜入鷄子於滾湯半熟和醋醬名曰水卵以黃苧蛤石首魚作湯食之蘇魚産安山內洋紫魚俗名葦魚産漢江下流高陽幸州司甕院官綱捕進供漁商遍街呼賣以爲膾材桃花未落以河豚和青芹油醬爲羹味甚珍美産於露湖者最先入市憚其毒者代以秃尾魚蒸秃尾亦時鮮之佳品採薯蕷蒸食或和蜜作片食之賣酒家造過夏酒以賣酒名小麯杜鵑桃花松筍皆春釀之佳者燒酒則孔德甕幕之間三亥酒甕釀千百最有名稱關西甘紅露碧香酒海西梨薑膏湖南竹瀝膏桂當酒湖西魯山春皆佳品亦有餇到者賣餅家造粳米白小餅如鈴形入豆餡捻頭粘五色於鈴上連五枚如聯珠或造青白半圓餅小者連二三枚大者連五枚大者稱馬蹄餅又以糯米和棗肉造甑餅皆春節時食也按歲時雜記二社尙食糕以棗青蒿圓餅名曰環餅大者稱馬蹄餅又以糯米和棗肉造甑餅皆春節時食也按歲時雜記二社尙食糕以棗爲之今俗亦然南山下善釀酒北部多佳餅都俗稱南酒北餅

用四午日重釀酒經春乃熟周歲不敗名曰四馬酒李東岳安訥飲南宮績四馬酒詩曰君家名酒貯經年

釀法應從玉薤傳

人家伐桑養蠶

賣柴漢負菘根新芽成羣叫賣謂之靑根商蔓菁新出又叫賣以爲時食

都俗出遊於山阿水曲謂之花柳卽上巳踏靑之遺俗也弼雲臺杏花北屯桃花興仁門外楊柳其最勝處

皆來禱而觀者如市歲以爲常

清明

取楡柳之火頒賜各司卽周官出火唐宋賜火之遺制也
農家始春耕

寒食

都俗上墓澆奠用正朝寒食端午秋夕四名節以酒果脯醢餠麵臐炙之羞祭之曰節祀有從稱家之異
而寒食秋夕最盛四郊士女綿絡不絶按唐鄭正則祠享儀云古者無墓祭之文孔子許望墓以時祭祀墓祭
盖出於此又按唐開元勅許寒食上墓五代後周寒食野祭而焚紙錢寒食墓祭自唐而始也齊人呼爲冷節
又曰熟食盖以子推焚死憐焚火之遺俗也今之與正朝端午秋夕爲四節祀卽東俗也朝家則幷多至爲
五節享
農家以是日下田圃種子

月內 雜事

初昏見參星在月前如牽壁遠則徵豊按崔寔農家諺二月昏參星夕是也
薦氷于太廟按禮記月令仲春之月天子乃開氷先薦寢廟國制亦然
二十日雨占豊徵陰亦吉
濟州俗是月禁乘船（見輿地勝覽）

三 月

三 日

採杜鵑花拌糯米粉作圓䭏以香油煎之名曰花煎即右之熬餅寒具也又拌菉豆粉熟而細切澆五味子水和蜜調海松子名曰花麵或以杜鵑花拌菉豆屑爲之又造菉豆麵或染紅色澆蜜水名曰水麵幷以時食供祀

鎭川俗自三月三日至四月八日女人率巫祈子於牛潭上東西龍王堂及三神堂絡繹不絕四方女人亦

二月

朔日

頒中和尺于宰執侍從尺用斑竹赤木制之健陵丙辰盖修唐中和節故事也按李泌厂奏曰以晦爲節非也請以二月朔爲中和節令百官進農書以示務本頒尺用此意也

卸下上元禾竿穀作白餅大者如掌小者如卵皆作牛璧樣蒸豆爲餡隔鋪松葉於甑內蒸熟而出洗以水塗以香油名曰松餅饋奴婢如齒數俗稱是日爲奴婢日東作伊始故饗此屬云賣餠家用赤豆黑豆靑豆爲餡或和蜜包之或以蒸棗熟芹爲餅自是月以爲時食

灑掃堂宇剪紙書香娘閣氏速去千里八字貼於椽上閣氏者東語女子也香娘閣氏盖指馬陸也惡而辟之之辭也

嶺南俗家家祭神名曰靈登神降于巫出遊村閭人爭迎而樂之自是月朔日忌人物不接之至十五日或二十日

濟州俗二月朔日歸德金寧等地立木竿十二迎神祭之涯月居人得槎形如馬頭者飾以彩帛作躍馬戲以娛神至望日乃止謂之然燈(見輿地勝覽)

月內 雜事

市廛擇日開市必用毛蟲日取其繁耗而寅日為最

收太學四學居齋儒生食堂到記親試講製講製則三經中一經製則如節製之例講製居首並賜第日春到

記科秋節又行之曰秋到記科

慶州俗正月上子上辰上午上亥等日忌愼百事不敢動作以爲愼日蓋新羅炤智王十年正月十五日有烏鼠龍馬猪之異王免琴匣之禍國人以子辰午亥日爲愼日俚言怛切悲愁而禁忌也金宗直有怛切歌 (見輿地勝覽)

十六日鄕俗多不動作不納木物爲忌日似襲慶州之遺風也

二十四日每年陰曀盖倭兵陷京城天兵乘勝進逼倭賊鴛遁半夜焚蕩盡居一城百無一脫乃是日而怨氣使然也

八日諺稱敗日與敗華音同也是日男子不出門爲俗忌日按高麗俗以每月八日婦女出遊城內外故男子在家不出此風訛傳今俗作不宜行日

上弦下弦日稱潮減日每月人家有拘忌事必過是日始相通涉人物之有所忌者亦過是日而接之

初五十四二十三日稱三敗日每月忌百事不敢動作不宜出行盖自麗俗以此三日即君上所用之日故臣民不用爲忌日云本非敗日也

寸穀不實按此法出於東方朔又按花曆新栽云上元夜竪一丈竿候月午影六七尺稔若八九尺主水三五尺必旱元宵測影有自來矣

夜半鋪灰於盂置之屋上以驗穀種之自隕明朝視之以所隕之種占其豐熟

曉頭候雞初鳴筭其鳴數過十鳴則占歲豐即鄉里之俗也

兩西俗上元前夜待雞鳴家持瓢爭先汲井華水謂之撈龍卵先汲者占其農功又以大豆十二枚爲十二月標納于稠稈以絢束之沉於井中謂之月滋晨出驗之以其滋不滋徵其月之水旱而不忒又以里中戶數用大豆幾枚各爲戶主之標納稠稈沉井謂之戶滋厥明驗之滋者其戶年內豐足

湖西俗有炬戰又以絢索分隊把持相率引不被引者爲勝以占豐即古之絜河戲也畿俗亦然緇徒又有此戲

關東峽俗羣童齊唱百鳥之名作驅逐之狀亦是祈穀之意也

春川俗有車戰以獨輪車各里分隊前驅相戰以占年事逐北者爲凶加平俗亦然

嶺南俗有葛戰以葛作索大可四五十把分隊相引以決勝謂之占豐

安東俗村女老弱成羣夜出城外魚貫伏行後前相續連亘不絶令一幼女子步行其上左右扶按唱喏來往若踏橋狀女兒先唱曰是何橋伏者齊應曰清溪山銅橋遶大路而或東或西達宵而止

豊基俗上元日邑首吏倒騎黑牛抱琴而入衙庭拜于官擎日傘而出未知何意而必是祈福之事也

又以輪郭四方厚薄占四方年事厚則徵豐薄則徵凶無少差忒

巡邏軍門弛夜禁按唐韋述西都雜記正月十五夜勅許金吾弛禁前後各一日謂之放夜國制倣此
都人士女傾城而出聽夕鍾於閑雲街鍾閣散至諸橋往來達夜不絕謂之踏橋與脚同釋音
俗說如是則終年無脚疾大小廣通橋及水標橋最盛人海人城簫鼓喧轟按雒洛靈異錄唐朝正月十五夜
許三夜行士女無不夜遊軍馬塞路又按陸啓泓北京歲華記正月十五夜婦女俱出門走橋于奕正帝京
景物略云元夕婦女相率宵行以消疾病曰走百病沉榜宛署雜記十六夜婦女羣遊凣有橋處三五相率以過
謂之度厄此即東俗踏橋所沿也李晬光芝峯類說云上元踏橋之戲始自前朝在平時甚盛士女駢闐達夜
不止法官至於禁捕今俗婦女無復踏橋者矣

三門外及阿峴人成羣分隊或持棒或投石喊聲趐逐爲接戰狀於萬里峴上謂之邊戰以退走邊爲負俗
云三門外勝則畿內豐阿峴勝則諸路豐龍山麻浦惡少結黨救阿峴方其酣鬭呼聲動地繩頭相攻破額折
臂見血不止雖至死傷而不悔亦無償命之法人皆畏石回避禁戢該司另行禁戢而痼習無以全革城內童
堅赤效而爲之於鍾街琵琶亭等處城外則萬里峴雨水峴爲邊戰之所安東俗每年正月十六日府內居民
以中溪分爲左右投石相戰以決勝負兩西俗上元亦有石戰之戲按唐書高麗傳每年初聚戲浿水之上以
水石相濺擲馳再三而止此爲東俗石戰之始

渾舍張油燈達夜如除夕守歲之例
邀瞽者自上元前誦安宅經達夜以度厄祈福限月盡行之
立尺木於庭中月色當午以其木影占年穀豐凶影八寸風雨榮七寸六寸俱吉五寸不吉四寸水蟲行三

是日不飼犬飼之則多蠅而瘦故也俗戲餓者比之上元犬
果樹歧枝閣石子則果繁謂之嫁樹按徐光啓農政全書惟李樹用此法又按兪宗本種果䟽嫁李法正月
一日或十五日又按陳淏花曆新栽嫁李除夕日五更以長竿打李樹椏則結實多又云嫁石榴元朝以石塊
安榴椏枝間則結實大除夜亦可盖嫁果之法除夜元朝上元無不宜焉今俗沿此
兒童列書家口某生身厄消滅字於紙鳶之背任其所飛日暮斷其線而放之空中隨風戲之謂之風錚中
色或柔斑額錚盤方革猫眼鵲翎魚鱗龍尾名色特繁作絲車繫絲而運投之空中隨風戲之謂之風錚國
國則製樣奇巧自多而始爲晚春之戲東俗亦自冬天市上賣之至于上元諺傳昉自崔瑩伐耽羅之役國俗
甚者傳以磁末銅屑然在交法之能否都下年少有以善交鳶名者豪貴家往往延致觀之每上元前一兩
日水標橋沿河上下觀交鳶者簇如堵墻羣童候斷搶絲或追敗鳶騁空奔波蹂踰垣越屋勢莫可遏人多怖駭
過上元不復飛鳶
糊貼五色紙於竹骨左右方圓大小制樣不一以柄中揷小兒弄之當風而轉號曰回回兒市多賣之
用獨葯絲繫鷰磊小兒順風而颺之號曰姑姑妹蒙古語鳳凰也
以放鳶之餘絲兒童繫石相對交絲牢引以爲戲被斷者負
穴地爲窩壯幼分隊擲錢以中窩後擲王大錢中其賭中者收其錢以爲勝誤中與不中者爲負上元日此
戲尤盛小兒軰或用破陶爲錢而擲之
初昏持炬登高謂之迎月以先見月者爲吉仍占候月色赤徵旱白徵水又占月出時形體大小湧浮高低

脊月出時或然炬迎之水直星者以紙裹飯夜半投井中禳之俗最忌處容直星
男女幼少者自多佩小木葫蘆青紅黃三枚如荳狀用綵絲爲綏上元前夜半潛捐于道亦謂消厄
望前爇赤小豆粥食之按荆楚歲時記州里風俗正月望日祭門先以柳枝插門仍以豆粥挿箸而祭之今
俗說食似沿于此
都城北門曰肅清恒閉而不用澗壑淸幽上元前閭巷婦女三遊此門謂之度厄
曉頭掘取鍾閣十字街上土散理家中四隅又傳竈以求財聚
淸晨嚼生栗胡桃銀杏皮栢子蔓菁根之屬祝曰一年十二朔無事太平不生癰癤謂之嚼癤或云固齒之
方義州俗年少男女淸晨嚼飴糖謂之齒較飮淸酒一盞不溫令人耳聰謂之牖聾酒按葉廷珪海錄碎事社
日飮治聾酒今俗於上元行之
畜匏瓜蔈蔓諸乾物及大豆黃卷蔓菁蘿葍謂之陳菜必於是日作菜食之九瓜顱茄皮蔓菁葉皆不棄曬
乾亦爲烹食謂之不病暑以菜葉裹飯啗之謂之福裹按荆楚歲時記人日採七種菜作羹今俗移於上
元而抑亦衞風御冬之旨畜也
作五穀雜飯食之亦以相遺嶺南俗亦然終日食之蓋襲社飯相饋之古風也
早起見人猝然呼之有應者輒曰賣吾暑賣之則謂無暑病百計呼之故不應以爲譴按范石湖
賣癡獃詞除夕更闌人不睡云有癡獃召人買又按陸放翁詩呼盧院落譁新歲買因兒童起五更註立春未
明相呼賣春因今俗上元賣暑即此類也
小兒春病瘧瘴者乞上元百家飯騎日對犬而坐與犬一匙自噉一匙不復病

云鼠嘴焦鼠嘴焦湖西俗燃炬成羣謂之燻鼠火上亥日作豆屑澡面黑者漸白豕色黑故反取其義也

卯巳日

卯日爲兎日纏綿絲謂之兎絲佩而禳灾不納人口木物忌女先入巳日不理髮忌蛇入宅

上元

炊糯米拌棗栗油蜜醬幷蒸調海松子名曰藥飯爲上元佳饌用以供祀盖新羅舊俗也按東京雜記新羅炤智王十年正月十五日幸天泉亭有飛烏警告于王國俗以上元日爲烏忌之日作糯飯祭烏報賽今俗因爲時食

鄕里人家以上元前日束藁如纛狀包禾黍稷粟之穗又懸木綿花冒於長竿之首建屋傍張索把定稱禾積以祈豐峽俗立多枝木於牛宮之後掛穀穗綿花小兒曉起繞樹而行歌以祝之至日出國朝故事正月望日大內象邪風七月耕穫狀分左右角勝盖亦祈年之意而閭巷禾竿即其一事爾

男女年値羅睺直星者造芻靈方言謂之處容齎銅錢於顖中上元前夜初昏棄于塗以消厄羣童遍向門外呼出處容得便破顖爭錢徇路而打擊之謂之打芻戲處容之稱出於新羅憲康王時東海龍子之名今掌樂院鄕樂部有處容舞是也以芻靈謂處容盖假此也俗信卜說年値日月直星者剪紙象日月鉗以木揷屋

肉之餘辛甘菜者窖養當歸芽也淨如銀釵蜂蜜噉之甚佳按撫遺東晉李鄂立春日命以蘆菔芹芽爲菜盤相饋旣又按撫言安定郡王立春日作五辛盤又按杜詩春日春盤細生菜東坡詩靑蒿黃韭試春盤蓋遺俗也

關北俗是日作木牛自官府達于閭里遍出于路倣出土牛之制而所以示勸農祈年之意也

人　日

頒銅人勝于閣臣如小圓鏡有柄鏤仙人按歲時記隋劉臻妻陳氏人日上人勝或剪綵或鏤金薄爲之人勝倣此

命提學設科曰人日製試太學圓點儒生숤食堂滿三十日爲圓點始許赴試以詩賦表策箋銘頌律賦排律等各體隨意命題考取居魁者或賜第發解施賞有差設行於泮宮或親試於闕內又或通方外儒生節日試士自人日始三日七夕九日皆倣此曰節製

亥子日

上亥爲豕日上子爲鼠日國朝故事宮中小竪數百聯炬曳地呼燻豕燻鼠燒穀種盛于囊頒賜宰執近侍以際祈年之意始有亥囊子囊之稱用錦製亥囊圓子囊長及健陵御極復古制頒囊上子日閭巷亦炒豆呪

立春

大內貼春貼子卿士庶民家及市廛皆貼春帖頌禱名曰春祝按荊楚歲時記立春日貼宜春字于門今之春聯昉此觀象監朱砂搨辟邪文進于大內貼門楣其文曰甲作食殉胇胃食虎雄伯食魅膌腦間食不祥攪諸食咨伯寄食夢强梁粗明共食桀死寄生委隨食觀錯斷食巨窮奇騰根共食蠱凡使十二神追惡凶嚇汝軀拉汝幹節解汝肌肉抽汝肺腸汝不急去後者爲糧急急如律令此即後漢書禮儀志先臘一日大儺逐疫辰子所和之詞而今作立春符端午亦貼之健陵印頒恩重經眞言貼楣襯之其文曰囊謨三滿多沒馱喃唵誐誐曩娑嚩訶亦作端午符門帖有神茶鬱壘四字古俗元日桃符畫神茶鬱壘像置之門戶以禦凶鬼其制自黃帝始今用於春帖又有門神戶靈呵噤不祥國泰民安家給人足雨順風調時和歲豐等對語閭巷柱楣通用對聯壽如山富如海去千灾來百福立春大吉建陽多慶堯之日月舜之乾坤愛君希道泰憂國願年豐父母千年壽子孫萬代榮天下太平春四方無一事國有風雲慶家無桂玉愁從春雪消福逐夏雲興北堂萱草綠南極壽星明天上三陽近人間五福來鷄鳴新歲德犬吠舊年灾掃地黃金出開門百福來鳳鳴南山月麟遊北岳風雲迎春到門前增富貴春光先到吉人家上有好鳥相和鳴一春和氣滿門楣一振高名滿乾坤福滿家戶楣單貼春夏秋冬福戶納東西南北財六鰲拜獻南山壽九龍載輸四海珍天增歲月人增壽春滿帝都士夫多用新製或揀古人佳語

畿峽六邑進葱芽山芥辛甘菜山芥者初春雪消時山中自生之芥也熱水淹之調醋醬味極辛烈宜於食

寅午戌生申酉戌年俗信卜說用此以禳之生年隔九而入三灾三年之內不干人物多愼忌之事

逢親舊年少以登科進官生男獲財等語爲德談以相賀

曉頭出街巷間無定向以初聞之聲卜一年休咎謂之聽讖按燕京俗除夕禱竈前請方向抱鏡出門聽市語以卜來年休咎東俗亦然

擲五行占以卜新年身數五行各有占辭木刻金木水火土如碁子一時擲之觀其俯仰而得占

男女一年梳頭貯退髮留梳函中必待元日黃昏燒於門外以辟瘟按孫思邈千金方正月寅日燒白髮吉

元日燒髮昉於是

俗說鬼名夜光是夜降于人家徧穿兒鞋足樣合則輒穿去鞋主不吉故羣兒畏之皆藏鞋滅燈而宿懸篩於廳壁或階庭間謂以夜光神數篩孔不盡仍忘穿鞋鷄鳴乃去夜光未知何鬼而或藥王之音轉也藥王像醜可令怖兒耳

僧徒負鼓入街市擂動謂之法鼓念佛人爭擲錢又用一餠換俗二餠俗得僧餠飼小兒以爲善痘朝禁僧尼不得入都門故城外有此風諸寺上佐乞齋米於五部內自曉荷侊巡行沿門唱聲人家各出米給之盖新年徼福之意也

廣州俗是日相慶拜日月神(見輿地勝覽)

濟州俗凡於山藪川池邱陵墳衍木石俱設神祀每自元日至上元巫覡擎神纛作儺戲錚鼓前導出入閭里民人爭捐財錢以賽神名曰花盤(見輿地勝覽)

肉番椒屑名曰餅湯以供祀接客爲歲饌之不可闕者入湯烹之故古稱濕麪者似是物也市肆以時食賣之
諺稱添齒者謂吃餅湯第幾椀按陸放翁歲首書事詩註鄕俗歲日必用湯餅謂之冬餛飩年傅飥盖古俗也
舖粳米粉於甑中以熟赤豆隔鋪之隔粉多積視甑大小或用糯米粉隔蒸之名曰甑餅以歲時禱神又於
朔望及無時禱神亦如之
承政院預選侍從堂下文臣製進延祥詩命館閣提學出韻五七言絶考第入格者題貼于闕內各殿柱
楣門楣立春日春帖子端午帖子俱用是例按溫公日錄翰林書待詔請春詞以立春日剪貼於禁中門帳又
按呂原明歲時雜記學士院端午前一月撰閤門帖子及期進入盖古規也
圖畵署畵壽星仙女直日神將圖獻于公亦相贈遺名曰歲畵以寅頭祝之意又嘗進金甲二將軍像長丈
餘一持斧一持節揭于闕門兩扇名曰門排又以絳袍烏帽像揭重閤門又畵鍾馗捕鬼貼戶畵鬼頭貼楣以
辟邪瘟諧宮家戚里門扇亦皆揭之閭巷又多效之俗以金甲者謂四天王神像或以爲尉遲恭秦叔寶絳袍
者爲魏鄭公按宋敏求春明退朝錄道家秦章圖天門守衛金甲人葛將軍周將軍掌旌節今之門排似是
葛周二將軍而世俗乃以傳奇中唐文皇時事傅會之爾
京外朝官命婦年七十以上歲首賜米魚鹽以爲例朝官年八十士庶年九十各加一資年百歲特超一品
階每歲首以應資老人授資入政票下批皆優老人尊年之盛典也
閭巷壁上貼鷄虎畵以禳之按董勛問禮俗一日爲鷄又按荆楚歲時記正月一日畵鷄帖戶今俗昉此畵
虎似取寅月之義也
男女年値三灾者畵三鷹貼于門楣三灾法巳酉丑生亥子丑年申子辰生寅卯辰年亥卯未生巳午未年

東國歲時記

陶厓 洪錫謨 敬敷 編

正月

元日

議政大臣率百官詣闕新歲問安奉箋文表裏朝賀於正殿之庭八道方伯閫帥州牧進箋文方物州府郡縣戶長吏亦咸來參班多至又行進箋之儀

京都俗歲謁家廟行祭曰茶禮男女年少卑幼者皆着新衣曰歲粧訪族戚長老曰歲拜饋以時食曰歲饌酒曰歲酒按崔寔月令正日潔祀祖禰飲椒栢酒又按宗懍荊楚歲時記元日進屠蘇酒膠牙餳此即歲酒歲饌之始姻親家婦女相送靚粧少婢問新年平安曰問安婢李脙奉匜呂有詩曰誰家問安婢入誰家各司胥隷各營校卒招紙列名來呈單子於官員及先生家門內置絭盤受之曰歲銜外道衙門亦然按王錡寓圃雜記京師風俗每正朝主人皆出賀惟置白紙簿並筆硯於几賀客至書其名無迎送也此即歲銜之始

蒸粳米粉置大板上以木杵有楝者無數擣打引作長股餠名曰白餠因細切薄如錢和醬水湯熟調牛雉

東國歲時記 目錄

正月
　元日 189
　立春 192
　人日 193
　亥子日 194
　卯日·巳日 194
　上元 199
　月內雜事 200
二月
　朔日 210
　月內雜事 211
三月
　三月 201
　清明 202
　寒食 202
　月內雜事 203

四月
　八日 205
五月
　月內雜事 206
　端午 207
六月
　月內雜事 209
　流頭 210
　三伏 211
七月
　七夕 212
　中元 212
　月內雜事 213
八月
　秋夕 213

九月
　九日 214
　月內雜事 214
十月
　午日 215
十一月
　冬至 217
　月內雜事 177
十二月
　臘 178
　除夕 179
閏月
　月內雜事 221

東國歲時記 序

余嘗於元朝及上元各賦數十絕句略述土風見者以爲道得該備至或解頤擬更逐節有述要成一國歲時之故實而因循未遑者今已有年寔緣衰懶筆退不能如前者之有思輒書也一日陶厓洪友抽开上一編書示之曰此所述東國歲時記也中州則自宗懍以來作此書者不爲不多而吾東則至今闕如故聊爾效顰以誌土風之各異焉便一信書不可無弁首之文試爲我裁之也余乃受而卒業自元月訖臘月凡爲日者二十有三如事在某月而不可繫日者逐朔之末區別之揭之最下方附以閏朔之所需而近自京都遠曁窮陬苟有尋常一事之稱於當節者雖涉鄙俚無遺悉錄東俗之下必博采傳記中襯合者以證其所由出考據既治錯落俱載沿流而溯源由條而達本是不但爲描寫一國之俗尙並與中華之舊而觸類長之皦然爲一統文字富哉言乎其足徵於來後也必矣雖然此特全册之一鱗烏足與論於嚌裁之眞味也嗚呼洪君之少口所期者自謂何如人亦孰不諉之以世掌絲綸之池上鳳毛也竟乃局於命途蘊而莫售彼金闈蘭臺之上高文大册之煥斕歟而被管絃者付與他人樓遲末宦白首濩落惟以辭賦詩律自遣無聊以寫其牢騷不平之鳴一何其舛也若此等所述亦從無聊中消遣者而盡一國之謠俗備每歲之文獻殆有勝於宗氏諸家之粗記一方見聞而止者多矣耽於玩賞留之屢日今不可以自還於是乎書此以復焉己酉重陽後四日穀溪漫客李子有序

附：東國歲時記（外二編）

지은이 약력

경희대학교 대학원 국문학과 수료
문학박사
서라벌예술대학 학장 역임
서라벌예술대학 교수 역임
고려대학교, 성균관대학교, 경희대학교 대학원 강사 역임
문화재 위원, 민속학회 회장, 한국신화학회(韓國神話學會) 부회장 역임
한국문화인류학회 이사

저 서
《韓國 民謠集》《韓國 民謠史》
《韓國の 民俗》(日本, 岩崎出版社刊)
《韓國 民俗學論考》《韓國의 民俗》
《韓國의 民譚》

역 서
安田德太郎《人間의 歷史》

한국세시풍속 〈서문문고 61〉

개정판 인쇄 / 1999년 8월 10일
개정판 발행 / 1999년 8월 15일
지은이 / 임 동 권
펴낸이 / 최 석 로
펴낸곳 / 서 문 당
주 소 / 서울시 마포구 성산동 103-7호
전 화 / 322-4916~8 팩스 / 322-9154
등록일자 / 1973. 10. 10
등록번호 / 제13-16

초판 발행 / 1976년 2월 25일 * 잘못된 책은 바꾸어 드립니다